그리고 하나님이 웃음을 창조하셨다

And God Created Laughter by Conrad Hyers

Copyrights ⓒ John Knox Press 1987
All rights reserved
Korean Translation Copyrights ⓒ 2005 by Amormundi Publishing Co.
Korean Translation edition published by arrangement with
John Knox Press through PubHub Literary Agency.

이 책의 한국어판 저작권은 PubHub 에이전시를 통한 저작권자와의 독점 계약으로
도서출판 아모르문디에 있습니다. 저작권법에 의해 한국 내에서 보호를 받는 저작물이므로
무단 전재와 무단 복제를 금합니다.

And God Created LAUGHTER

그리고 하나님이 웃음을 창조하셨다

콘라드 하이어스 지음 | 양인성 옮김

아모르문디

추천의 글_

"하나님 보시기에 참 좋았더라"

백 도 웅 목사
(한국기독교교회협의회 총무)

좋은 책을 추천하게 되어 기쁩니다. 이 책은 먼저 우리가 하나님과 성서에 대해 보다 폭넓고 균형 잡힌 시각을 갖는데 큰 도움을 줄 것입니다. 그동안 우리는 하나님을 진지하고 엄숙하신 분으로만 이해해온 경향이 있습니다. 하나님의 웃음이나 유머를 상상하는 것은 쉽지 않았습니다. 성서의 이미지도 마찬가지입니다. 우리는 성서의 성스러움이나 거룩함에 지나치게 압도된 나머지, 그것의 유쾌하고 희극적인 면은 제대로 인식하지 못했습니다. 이 책은 다양한 성서적 근거를 통해 하나님의 웃음과 유머를 재치있게 드러내줄 뿐만 아니라, 성서의 희극적 특성들을 독창적이면서도 설득력 있게 제시해 줍니다.

저자의 주장처럼, 사실 성서 전체를 지배하는 하나님의 주된 이미지는 웃으시는 하나님, 기뻐하시는 하나님입니다. 창조에서부터 하나님 나라의 완성에 이르기까지 하나님의 전 역사는 웃음으로 시작해서 웃음으로 끝난다고 해도 과언이 아닙니다. 창세기 1장 마지막 절은 이렇게 기록하고 있습니다. "하나님이 손수 만드신 모든 것을 보시니, 보시기에 참 좋았다." 우리는 "보시기에 참 좋았다"는 표현 속에서 하나님의 웃음을 어렵지 않게 상상할 수 있습니다. 이처럼 하나님은 심각함이나 엄숙함이 아니라 기쁨과 웃음 속에서 당신의 역사를 시작하셨습니다. 그리고 하나님은 기쁨과 웃음 속에서 당신의 역사를 마무리하실 것입니다. 궁극적인 역사의 끝은 무시무시한 심판이 아니라, 하나님 나라의 완성입니다. 예수님은 역사의 끝에 완성될 하나님 나라를 혼인 잔치에 비유하셨습니다(마 22장, 눅 14장). 그 혼인 잔치의 주인이신 하나님은 틀림없이 즐겁게 웃으시고 기뻐하시는 모습일 것입니다. 또한 예수님은 하나님 나라를 돌아온 탕자에게 베풀어주시는 아버지의 잔치에 비유하시기도 하셨습니다(눅 15장). 마지막 때에 하나님은 잔치를 열어 당신의 되찾은 아들/딸들과 함께 기뻐하시고 즐거워하실 것입니다.

예수님의 역사도 마찬가지입니다. 예수님의 사역은 가나의 혼인 잔치에서 시작되어서 부활의 영광과 환희 속에서 마무리됩니다. 이처럼 예수님 또한 사역의 시작과 끝을 기쁨과 웃음으로 장식하셨다고 할 수 있습니다. 사역의 과정도 예외는 아닙니다. 예수님은 세리들과 죄인들과 함께 기쁨과 웃음 속에서 자신의 공생애를 보내셨습니다. 예수님은 자신을 잃어버린 양을 다시 찾은 목자에 비유하셨습니다(눅 15장). 잃어버린 양을 되찾은 목자의 기쁨이 얼마나 크겠습니까? 예수님의 슬픔과 고통은 기쁨과 웃음을 위한 과도기적이고 잠정적인 것들일 뿐입니다. 예수님은 슬픔과 고통을 궁극적으로 기쁨과 웃음으로 바꾸시는 분입니다. 십자가를 부활로, 죽음을 생명으로, 병자를 건강한 자로, 죄인을 의인으로 바꾸시는 분입니다. 그리고 예수님은 "기쁜 소식"을 전하시는 분입니다. "주님의 영이 내게 내리셨다. 주님께서 내게 기름을 부으셔서, 가난한 사람에게 기쁜 소식을 전하게 하셨다. 주님께서 나를 보내셔서 포로 된 사람들에게 해방을 선포하고, 눈먼 사람들에게 눈 뜸을 선포하고, 억눌린 사람들을 풀어 주고 주님의 은혜의 해를 선포하게 하셨다"(눅 4:18-19). "기쁜 소식"을 전하는 자의 마음은 또 얼마나 기쁘고 즐거웠겠습니까?

우리는 예수님의 "기쁜 소식"을 들은 자들입니다. "기쁜 소식"을 들은 자들이 기뻐하는 것은 당연한 일입니다. 그래서 사도 바울은 이렇게 권면합니다. "항상 기뻐하십시오. … 이것이 그리스도 예수 안에서 여러분에게 바라시는 하나님의 뜻입니다"(살전 5:16-18). 하나님은 우리가 항상 기뻐하기를 바라십니다. 그러나 우리는 항상 기뻐하지 못합니다. 세상이 점점 험해지는 탓이기도 하고, 우리의 교만과 욕심이 더욱 커진 탓이기도 합니다. 교만과 욕심은 감사와 기쁨을 원천봉쇄합니다. 불평불만과 욕망의 노예가 되게 합니다. 이 책은 우리가 왜 항상 기뻐하고 감사해야 하는지에 대해 매우 깊이 있고 설득력 있는 대답을 제시하고 있습니다. 하나님의 은혜와 함께, 많은 이들의 삶 속에 진정한 감사와 기쁨, 그리고 웃음이 넘쳐나게 되기를 간절히 바랍니다.

추천의 글_

희망의 웃음, 은혜의 웃음

방 연 상 교수
(연세대학교 신학과)

웃음은 하나님의 속성이고 계시의 도구입니다. 인간의 어리석음을 보고 화를 내시는 대신에 하나님은 웃음으로 그의 은총을 우리에게 나타내십니다. 그리고 하나님의 웃음은 인간에게 향하신 멈출 수 없는 희망의 표현이고 하나님의 인내의 상징입니다. 이 책은 성경에 나타나는 웃음의 전통을 통하여 하나님의 사랑과 의지를 우리에게 가르치고, 우리들로 하여금 운명적인 삶을 사는 것이 아니라 위로를 받고 소망을 갖고 인생을 웃으며 살게 합니다. 또한 이 책은 기독교 신학에 있어서 웃음의 신학적 의미를 우리에게 가르치고 인생의 아이러니에 대해 웃음으로 대답하도록 가르칩니다.

플라톤과 아리스토텔레스 이래로 웃음은 역사적으로 위험한 것으로 받아들여져 왔습니다. 왜냐하면 웃음은 세상과 시대의 이념에 대한 비웃음이고, 이것은 영적인 저항의 영성을 갖고 있기 때문입니다. 부활절의 환희는 세상의 악과 죽음, 그리고 우리의 슬픔에 대한 하나님의 아름다운 웃음이고 세상에 대한 긍정입니다. 즉 웃음은 삶의 결론을 하나님께서 쓰시겠다는 의지와 사랑의 표현이라 할 수 있습니다. 하나님께서 창조하신 웃음은 언어 속에 제한되어 있는 인간으로 하여금 언어를 초월하게 하고, 신의 형상에 참여하게 합니다.

이 책은 성경이야기에 나타나는 하나님의 웃음과 인간의 웃음에 대한 신앙적인 성찰입니다. 특히 역자는 간결하고 유머 있는 언어 감각을 통해 원 저자의 의도를 독자들의 정서에 맞게 잘 표현해 주고 있습니다. 신학연구나 신앙생활이 지루하고 활기 없게 느끼는 사람에게 이 책은 늦은 가을 날 이른 아침에 마시는 커피한잔과 같이 몸을 따뜻하게 해주고 새로운 기분으로 하루를 시작하게 해 줄 것입니다. 웃음을 통해 보이시는 하나님의 지혜는 인간에 대한 사랑과 희망의 표현이고 하나님 나라의 예표입니다.

별 볼일 없는 사람을 들어서 잘 났다고 생각하는 사람을 부끄럽게 하시는 하나님의 웃음… 창고를 지어 곡식을 가득히 쌓아놓고 자신의 향락만을 추구하는 사람에 대한 하나님의 웃음… 늦은 나이에 아이를 낳게 하여 여인으로 기뻐 웃게 하시는 하나님의 웃음… 감춰진 보화를 발견하고 기뻐하는 농부의 웃음을 만들어 주시는 하나님… 걱정근심에 가득 찬 사람들의 눈에서 눈물을 닦아주시는 하나님의 미소….

이 책, 『그리고 하나님이 웃음을 창조하셨다!』는 우리로 하여금 하나님의 나라와 하나님의 속성을 이곳에서 경험하게 하시는 하나님의 은총과 영원하신 하나님의 사랑의 신비를 기억하게 하고 희망의 웃음을 짓게 해줄 것입니다.

저자 서문_

감사의 글

이 작은 책은 많은 이들의 도움 속에서 씌어졌습니다. 퍼먼 대학교과 토머스 스탤리 재단은 '주목할 만한 기독교 학자'로 나를 선정하여 특별강의에 초청해주었습니다. 이 책에 묶인 몇 개의 장들, 특히 프롤로그는 그 강의의 직접적인 산물입니다. 그 강의에서 나는 웃음, 유머, 희극 등이 성서에서 어떤 기능을 하는지에 대한 내 나름의 오랜 연구를 되돌아볼 기회를 가질 수 있었습니다.

또한 나를 이런저런 강연에 초청해준 여러 단체들에도 감사의 인사를 드립니다. 이 책의 대부분은 그 강연들을 위한 원고로부터 발전된 것입니다. 전미 광대·마임·춤 워크숍, 아이오와주립대학교 고등교육 강의시리즈의 목회자회, 일리노이즈 장로회 영성회의, 위스콘신 그린레이크 침례회, 노스캐롤라이나 성공회 성직자·평신도 피정회, 미네소타밸리 장로회 기독교교육 워크숍, 맨카토 주립대학교의 웰니스 심포지엄, 구스타브 아돌프 대학교 평화교육회의, 요크대학교 반전이론 국제회의, 애리조나주 피닉스에서 개최된 서구 유머회의, 워싱턴 D.C.에서 개최된 세계 유머총회 등등. 이런 각양각색의 모임에서 만난 많은 분들의 따뜻한 이해와 격려에 힘입어 나는 최초의 원고를 보다 발전시킬 수 있었습니다.

    기독교 —장로교, 루터교, 감리교, 회중교회, 침례교, 성공회, 로마 가톨릭 등— 신앙인들은 이 책에서 언급하는 일화와 주제들이 설교나 성인교육 강의에서 자주 이야기되는 것임을 알 수 있을 것입니다. 성서는 교파를 초월한 책입니다. 특히 이 책에 묶인 원고들을 여러 강연에서 처음 발표했을 때 많은 사람들과 주고받은 따뜻한 정신에 비춰본다면 더욱 그렇습니다.

콘라드 하이어스

차례_

추천사
"하나님 보시기에 참 좋았더라" | 백도웅 목사 · 4
희망의 웃음, 은혜의 웃음 | 방연상 교수 · 8

감사의 글 · 11

프롤로그 | 거룩한 희극을 찾아서 · 16

1. 하나님의 유머 · 31
성의 어리석음 · 34 / 심각함으로의 타락 · 38
하나님의 형상 · 44 / 하나님의 미소 · 48 / 창조의 놀이 · 52

2. 부활절 환희 · 59
웃을 수 있는 자유 · 62 / 희극적인 괄호 · 67
미래를 지배하는 처형대 · 72 / 봄 의식들 · 76
모든 일에 감사하라 · 80

3. 하나님의 선민 콘테스트 · 87
성서의 영웅들 · 91 / 패배자 · 96 / 범주를 무너트리며 · 103

4. 마리아가 어린양을 잉태했다 · 113
동방박사들의 지혜 · 117 / 사회의 밑바닥 · 124
왕자와 거지 · 130 / 적대적인 경계선 사이에서 · 136

5. 사회 예법 안내서 · 139
   하나님의 잔치 · 142 / 사람을 차별하지 않는 분 · 148
   하나님의 포괄성 · 152 / 희극적 사회 · 156

6. 평범한 장소들에서의 기적 · 164
   하나님의 집 · 166 / 세속적인 것들을 압도하며 · 171
   경이로움의 회복 · 178

7. 요나가 고래를 삼킨 날 · 185
   예언자 같지 않은 예언자 · 188 / 희극적인 풍자 · 191
   말놀이 · 201 / 희극적 과장과 축소 · 208 /
   핵심을 찌르는 구절 · 215

8. 비극적 세계와 희극적 전망 · 219
   비극적 아이러니 · 222 / 전사의 미덕들 · 229
   희극의 화해 · 235

옮긴이 후기 · 242
미주 · 244
성서 색인 · 249
인물 색인 · 251

프롤로그_

거룩한 희극을 찾아서

사도 바울은 기독교 신앙을 '어리석음'이라는 놀라운 용어로 표현하고 있다. 십자가는 어리석음이다. 설교는 어리석음이다. 세상에서의 하나님의 사역은 어리석음이다. 하나님이 뽑아 쓰시는 사람들은 그들의 어리석음 때문에 주목받았다. 기독교인들은 "그리스도를 위한 바보들"이다. 사도들은 어릿광대처럼, "세계와 천사들과 사람들에게 구경거리"로 조롱받았다.(고린도전서 4:9, 이하의 성서 인용은 특별한 언급이 없는 한 표준새번역 개정판의 내용을 따름—역주) 바울과 그의 동역자들은 "이 세상의 쓰레기처럼 되고, 이제까지 만물의 찌꺼기처럼 되었다."(고린도전서 4:13)

바울에게는 복음을 전하는 독특한 방법이 있었다. 그러나 그의 기법들은 유대인이나 이방인 사회에서 널리 통용되지 못했다. 그는 그들로부터 전도 분야의 개척자로 추앙받지도 못했다. 그럼에도 불구하고, 그런 내용들이 담긴 고린도전서가 그대로 보존되었다는 것은 놀라운 일이다. 고린도전서에는 인간의 자긍심에 대한 호소도, 인간의 업적에 대한 찬사도, 인간의 지혜에 대한 찬미도,

경제적이고 정치적인 이익에 대한 약속도, 정복해야 할 세상도 없다. 대신에 온갖 모욕들로 가득 차 있다. 하나님이 부르시는 자들은 어리석고, 연약하고, 비천하고, 경멸받고, 하찮은 존재들로 묘사된다.

> "하나님께서는 지혜 있는 자들을 부끄럽게 하시려고 세상의 어리석은 것들을 택하셨으며, 강한 것들을 부끄럽게 하시려고 세상의 약한 것들을 택하셨습니다. 하나님께서는 세상에서 비천한 것들과 멸시받는 것들을 택하셨으니 곧 잘났다고 하는 것들을 없애시려고 아무것도 아닌 것들을 택하셨습니다."
>
> (고린도전서 1:27-28)

고린도전서의 이 구절들은 성서의 전체 메시지를 요약한 것이라고 할 수 있다. 인간의 지혜를 뒤집는 하나님의 어리석음과 인간의 강함을 넘어서는 하나님의 약함은 성서 전체를 관통하는 주제이다. 이런 하나님의 어리석음은 "지혜 있는 자들의 지혜를 멸하고, 총명한 자들의 총명을 폐하는 것"으로 나타난다.(고린도전서 1:19) "하나님께서 이 세상의 지혜를 어리석게 하신 것이 아닙니까? … 하나님의 어리석음이 사람의 지혜보다 더 지혜롭고, 하나님의 약함이 사람의 강함보다 더 강합니다."(고린도전서 1:20, 25)

이런 주제들은 창세기로부터 복음서들과 사도행전에 이르기까지 많은 성서 이야기들의 핵심적인 내용을 구성한다. 이것들은 창조에서부터 오순절 성령강림에 이르기까지 중심적인 성서의 가르침들과 근본적으로 동일하다. 그 뿐만 아니라 이는 희극의 역사에서도 매우 친숙한 주제들이다. 예를 들어, 바울은 18세기 희극 『추문 패거리』(영국의 희극작가 셰리든의 작품—역주)에 나오는 다음과 같은 대사를 싫어하지 않았을 것이다. "우리는 정말 사악한 세상에 살고 있어요. 그러니 칭찬을 덜 받을수록 더 좋은 것이죠." 그는 희극이 교만이나 험담, 위선, 탐욕, 비방, 사회적 배타성과 허영 같은 것들을 표현하고 조롱하는 방식 또한 싫어하지 않았을 것이다.

희극에서는, 스스로 지혜롭다고 여기는 자들은 바보가 되고, 어리석은 사람들은 지혜로운 자가 된다. 주인은 종으로 전락하고, 종은 주인의 자리를 차지한다. 스스로 의롭다고 여기는 자들은 위선자로 폭로되고, 죄인들은 오히려 미덕이 있는 자로 드러난다. 악의적인 험담은 반드시 그 대가를 지불한다. 거만하고 잘난척하는 사람들은 굴욕을 당하고, 굴욕을 당하던 자들은 높임을 받는다. 돈과 권력을 추구하는 자들의 가치는 추한 것으로 그려지고, 가난하고 비천한 자들의 순수한 가치는 귀중한 것으로 표현된다. 폭군들은 폐위되고, 거지들은 왕이 되며, 억눌린 자들은 자유롭게 된다.

성서 문학과 희극 문학 사이의 연결은 얼핏보기에는 이상하게 보일지 모른다. 그러나 성서는 여러 면에서 희극과 함께 해 왔고, 희극은 성서와 함께 해 왔다. 본문의 글들은 이런 희극적 주제들로 성서의 이야기들을 해석한 것이다. 이런 관점에서 보면, 성서는 거룩한 희극의 모습을 띠게 된다. 성서의 주요 이야기들은 희극과 비슷한 구조와 교훈을 사용한다. 사실, 창조와 계시, 그리고 구원의 파노라마는 우리가 하나님의 유머라고 부를 수 있는 것에 대해 증언해 준다.

나는 『희극적 전망과 기독교신앙』이라는 책에서 희극의 전통이 종교적으로 얼마나 중요한 것인지를 살펴본 바 있다.[1] 그 책은 바보, 어릿광대, 만담가, 숙맥, 낙오자, 익살꾼, 희극의 주인공, 그리고 사기꾼들의 지혜에 초점을 맞추었다. 그런 인물들은 희극의 "예언자들과 제사장들, 그리고 현자들"이라고 할 수 있다. 그들은 성서의 이야기나 가르침과 매우 유사한 도덕극의 주인공들이다.

그 책이 희극의 전통 속에서 종교적인 주제들을 살펴보았다면, 이 책은 성서의 전통 속에서 희극적인 주제들을 살펴본 것이다. 이런 관점에서 보면, 성서의 중요한 많은 이야기들이 어떤 다른 문학 형식보다 희극과 더 밀접하다는 것을 알 수 있다. 무엇보다 성서가 이야기하는 하나님의 나라는 왕처럼 들어가는 곳이 아니라 무릎을 꿇고 들어가는 곳이다. 스스로 의롭다 여기는 자들은 입구에서 쫓겨나며, 그 반면에 죄인들은 환영받는다. 어린아이들이 예수님의 제자들보다 하나님의 나라에 들어가는 방법을 더 잘 알고 있다. 예수님은 가난한 자, 온유한 자, 자비로운 자, 그리고 박해받는 자들이 하나님 나라에서 축복을 받을 것이라고 말한다.

요한의 제자들이 예수님에게 "오실 그분이 당신이십니까?"라고 묻자, 예수님은 이렇게 대답한다.

> "가서, 너희가 듣고 본 것을 요한에게 알려라. 눈 먼 사람이 보고, 다리 저는 사람이 걸으며, 나병 환자가 깨끗하게 되며, 듣지 못하는 사람이 들으며, 죽은 사람이 살아나며, 가난한 사람이 복음을 듣는다. 나에게 걸려 넘어지지 않는 사람은 복이 있다."
>
> (마태복음서 11:4-6)

교회는 하나님 나라의 임재에 대한 이런 증거를 일반적으로 기적과 능력이라는 측면에서만 해석해 왔다. 그런데 어떤 사람들은 왜 이런 해석에 반발하는 것일까? 예수님이 진정으로 강조하는 것은 기적과 권능 그 자체라기보다는 돌봄을 받고 하나님의 나라로 인도되어야 할 대상이 바로 사회의 주변인들과 부랑자들, 이를테면 장님과 귀머거리, 절름발이, 문둥병자와 죽은 자, 그리고 가난한 자들이라는 것이기 때문이다. 확실히 헤롯의 왕국이나 가이사의 제국은 이런 노선으로 이루어지지 않았다.

희극적 장치들은 성서에서 결코 낯선 것이 아니다. 그러나 재담이나 말장난, 반어적인 표현이나 풍자적인 암시와 같은 희극적 장치들은 심각한 번역상의 오류로 인해 쉽게 눈에 띄지 않는다. 그래서 우리는 핵심적인 구절이나 요점을 잘 놓치게 된다. 말하자면,

번역하는 과정에서 무엇인가 상실되고 마는 것이다. 유머러스한 표현이나 문맥은 번거로운 각주나 괄호로 설명을 덧붙인다 하더라도, 번역하기에 가장 어려운 부분이다. 게다가 그런 표현들은, 일단 설명되고 나면 더 이상 유머러스해지지 않는다.

외국어를 공부해 본 사람이라면 이런 문제를 잘 알 것이다. 유머의 미묘함은 일반적으로 학생들이 이해하기에 가장 어려운 언어의 요소이다. 우리는 성서를 읽을 때에도 모든 것을 매우 문자적이고 일차원적으로 읽으려는 경향이 강하다. 더욱이 말에 내포된 유머는 글로 설명된다고 해서 항상 이해될 수 있는 것이 아니다. 예를 들어, 말하는 사람의 태도가 건방진지, 미소를 짓고 있는지, 아니면 큰소리로 웃고 있는지 어떻게 글로 다 표현할 수 있겠는가? 눈을 한번 깜빡이는 것까지 일일이 다 글로 표현할 수 있을까? 그렇다고 해서 우리가 성서에서 유머를 전혀 발견할 수 없다는 것은 아니다. 고대 히브리어와 아람어, 그리고 희랍어에서 각국의 현대어로 번역된 오늘날의 성서를 가지고도 우리가 얼마든지 유머를 발견할 수 있는 예들이 있다. 예수님의 청중들은 자기 눈에 들보를 가진 사람이 형제의 눈에서 티끌을 떼어내려는 장면을 생각하면서 실컷 웃었을 것이고, 그들이 그 비유의 의미를 확실하게 이해했을 것이라고 우리는 어렵지 않게 상상할 수 있다.

희극적인 주제나 장치들이 쉽게 발견되지 않는 또 다른 원인은, 성서에는 그런 요소들이 없을 것이라고 생각하는 우리들의 일반적인 편견에 있다. 성서가 희극적인 요소를 가지고 있을 수도 있다는 가능성을 염두에 두지 않는 사람들은 절대로 그런 예들을 발견할 수 없을 것이다. 일반적으로, 성서 저자들은 유머가 없는 사람들이었을 것이라고 생각된다. 서양 희극을 연구하는 학자들은 대개 희극의 기원을 고대 그리스와 로마의 희극에서 찾는다. 그들은 서양 희극이 그 자체로 이교적인 것은 아니라고 할지라도, 그 기원은 전적으로 이방적인 것이라고 설명한다. 풍자나 익살, 혹은 어릿광대에 대해서도 비슷한 편견을 가지고 있다. 유대의 정신이라고 하면, 누구나 엄숙함을 떠올리는 것처럼 보인다. 그러나 우리는 밀튼 버를, 아트 부흐발트, 조지 번스, 우디 앨런 등(모두 유대계 미국인으로 유명한 희극작가이다―역주)의 예를 생각해 볼 필요가 있다.

우리는 아브라함과 이삭과 야곱의 하나님이자 예수와 바울의 하나님에 대해서도 일반적으로 비슷한 가정을 한다. 그런 가정 속에서의 하나님은 무한정 엄숙하기만 하시고, 어린아이들에게는 통 관심이 없으시며, 유머라고는 눈을 씻고도 찾아볼 수 없는 분이다. 그러므로 이런 하나님을 섬기는 자들은 그런 엄숙함을 열심히 배우도록 요청받을 수밖에 없다. 거룩함의 정도가 커지면 커질수록 웃음과 유머의 정도는 더욱 작아진다. 유머는 신앙심과 예법에서 가장 철저하게 배제되어야 할 것처럼 보인다. 그것은 속세의 것이지 성소에 속하는 것이 아니며, 교회 식당에나 있는 것이지 교회 예배당에 속하는 것이 아니기 때문이다. 그러나 유머에 대한 이런 이해는 경건한 체 하는 것과 지나친 열광주의를 정당화하는 구실이 될 뿐이다. 세계에서 얼마나 많은 악들이 정의와 옳음의 이름으로 자행되고 있는가! 그리고 형식적인 의식주의ritualism 때문에 얼마나 많은 악들이 그냥 간과되고 있는가! 유머 없음은 성자의 자질이 아니라 기껏해야 주교나 종교재판관, 혹은 집행인이 되기 위한 자질에 불과한 것처럼 보인다.

초기 교회에서 유머를 일곱 가지의 주요 미덕에 포함시키지 않은 것과 유머 없음을 일곱 가지의 심각한 죄악에 포함시키지 않은 것은 불행한 선택이었다. 믿음, 소망, 사랑과 같은 미덕들과 유머 사이의 관계는 일반적으로 받아들여져 온 것 이상으로 밀접하다. 유머가 있는 곳에 소망이 있고, 소망이 있는 곳에 유머가 있다. 자기 자신이 아니라 하나님에 대한 믿음과 신앙을 가진 사람들은 자신과 자기 업적, 그리고 자기 실수에 대해 유머감각을 더 잘 가질 수 있다. 하나님의 예정을 확신하는 어느 스코틀랜드 장로교 할머니는 계단에서 넘어졌을 때 옷을 툭툭 털고 일어나면서 이렇게 말했다고 한다. "하나님, 감사합니다. 이 정도로 끝내주시니!" 이것이 신앙이고 유머이다.

사랑도 유머와 밀접한 관련이 있다. 사랑에 대한 고린도전서 13장의 말씀은 또한 유머에 대한 말씀이 될 수도 있다. "사랑은 오래 참고, 친절합니다. 사랑은 시기하지 않으며, 뽐내지 않으며, 교만하지 않습니다. 사랑은 무례하지 않으며, 자기의 이익을 구하지 않으며, 성을 내지 않으며, 원한을 품지 않습니다. 사랑은 불의를 기뻐하지 않으며, 진리와 함께 기뻐합니다. 사랑은 모든 것을 덮어주며, 모든 것을 믿으며, 모든 것을 바라며, 모든 것을 견딥니다." (4-7)

유머와 사랑의 이런 연결은 단테의 작품 『거룩한 희극』(Divine Comedy, 흔히 『신곡』으로 번역된다—역주)의 중세적 비전속에서도 예견된 바 있다. 그 희극에서, 지옥에 있는 사람들이 거기에 있는 이유는 자신의 자아를 현실의 중심이자 목적으로 삼고 그것에 매몰되게 하는 자기애 때문이다. 그들은 이기성이라고 하는 작고 답답한 세계에 갇혀있다. 지옥으로 떨어지는 각 단계는 점점 더 좁아지는데, 이는 자기애가 다른 사람들을 쫓아내고 그들에 대해 무관심하게 만들기 때문이다. 교만과 정욕, 그리고 소유욕은 영혼을 넓혀주는 것이 아니라 더욱 좁게 만든다. 그러나 천국으로 나아가는 자들은 모든 것을 감싸 안는 무한히 넓고 자유로운 하나님의 사랑에 자기 자신을 열어두면서 자기 밖으로 향하는 자들이다. 지상의 삶을 통한 천국으로의 이동은 자기를 부인하고 하나님과 이웃을 위해 자신을 헌신함으로써 역설적으로 자기의 영혼을 넓혀나가는 그런 과정 속에서 이루어진다.

단테가 그의 작품에 '희극'Commedia이라는 제목을 붙였을 때, 그는 이 작품이 고전 라틴어가 아니라 "세속적인" 이탈리아어로 집필되었음을 의미하고자 했다. 교회와 성서, 그리고 학계의 고상하고 장중한 언어 대신에 그는 희극의 언어이기도 했던 가정과 거리, 그리고 선술집의 "느슨하고 비천한" 언어를 선택했다. 또한 단테는 작품의 내용을 지옥에서 천국으로(비참에서 지복至福으로) 이동시 킴으로써, 힘든 곤경에서 밝고 행복한 결말로 나아가는 희극의 구성을 공유하고자 했다. 단테의 작품에 '희극'이라는 제목이 더욱 적절하게 느껴지는 것은 그가 묘사하는 지옥이 가장 희극적이지 않은 장소이기 때문이다. 지옥이 가장 희극적이지 않은 장소라는 점은 먼 훗날 루이스C. S. Lewis에 의해 그의 지옥에서 온 편지들, 즉 『스크루테이프 편지들』에서 깊이 다루어지기도 했다. 지옥은 자기애로 인한 교만과 탐욕, 질투와 음욕, 폭식, 그리고 증오의 자연스런 결과이다. 자기애는 빛을 삼키는 천문학자의 블랙홀처럼 스스로에게 함몰된다. 반면 천국은 가장 희극적인 장소이며, 희극의 가장 높은 단계이다. 왜냐하면 그곳에 있는 이들은 가장 개방적이고 자유로운 사람들이기 때문이다. 그들은 모든 것을 감싸 안는 하나의 빛과 사랑에 참여한다. 단테는 천국의 여덟 번째 단계에 이르렀을 때 그 느낌을 이렇게 묘사한다. "나는 우주가 오직 하나의 미소로 빛나는 것을 본 것 같았다."(천국 27:4-5)

어떤 사람들은 종교적인 맥락에서 '희극적'이라는 용어를 쓰는 것을 매우 꺼림칙하게 생각한다. 그 말이 일반적으로 만화책을 연상시키기 때문이다. 그러나 대부분의 만화책들은 전혀 희극적이지 않은 잔인한 모험담을 다루는 것이 태반이다. 어떤 사람들에게는

'희극적'이라는 말이 약간의 재미나 한두 번의 웃음을 유도하는 신문 연재만화를 연상시키기도 한다. 또 어떤 사람들은 혼자 나와 우스갯소리를 하는 코미디언들이나 나이트클럽의 틀에 박힌 쇼들, 혹은 요즘 텔레비전에 많이 나오는 시트콤을 떠올리기도 한다. 그러나 '희극적 전망'이나 '희극적 정신'과 같은 용어들은 풍부한 인간성을 위해 없어서는 안 될 중요한 삶에 대한 태도나 관점을 가리킨다. 그것은 우리가 본래 가지고 있던 하나님의 형상과 앞으로 갖게 될 그리스도의 형상에 속하는 것이다.

어떤 사람들은 유머와 희극이 성서와 밀접한 관계가 있다는 말이 성서를 조롱하는 것이라고 생각하기도 한다. 그러나 조롱하는 무엇이 있다면 그것은 그 말이 아니라 바로 성서이다. 성서는 인간의 교만과 허식, 이기심과 탐욕, 그 밖에 육체와 영혼이 상속받은 무수히 많은 죄들을 조롱한다. 예수님은 그러한 목적으로 유머와 아이러니, 그리고 풍자를 최대한 자유롭게 사용하셨다. 바리새인들의 위선에 대한 예수님의 묘사는 분명 유머러스한 이미지들을 사용하고 있다. 예를 들면, 각다귀는 걸러내고 낙타는 삼키는 자들, 그릇 안은 더럽게 놔두면서 밖에만 지나치게 세심하게 닦는 자들, 겉은 아름답지만 속은 죽은 뼈들로 가득 찬 회칠한 무덤들, 과거의 예언자들은 큰 소리로 찬양하면서 같은 메시지를 설교하는 현재의 예언자들은 죽일 음모를 꾸미는 자들, 소경을 인도하는 소경들의 이미지가 그렇다.[2]

그와 비슷한 예로서, 이사야는 나무를 잘라 그 반으로는 신을 만들고 나머지 반으로는 고기를 굽는 데 썼던 바빌론의 우상숭배자들을 조롱했다.(이사야서 44:14-17) 더 일찍이, 엘리야는 바알이 하늘에서 불을 내릴 것이라는 열망 속에서 스스로를 비탄에 빠뜨리고 자해하는 바알의 제사장들을 조롱했다. "더 큰 소리로 불러보시오. 바알은 신이니까, 다른 볼일을 보고 있을지, 아니면 용변을 보고 있을지, 아니면 멀리 여행을 떠났을지, 그것도 아니면 자고 있으므로 깨워야 할지, 모르지 않소!"(열왕기상 18:27) 또한 아모스는 사마리아의 부유하고 탐욕스러운 아내들이 자신의 만족을 위해 남편들에게 가난한 사람들을 더 가혹하게 착취하도록 부추기는 것을 더욱 통렬하게 풍자했다.

> "사마리아 언덕에 사는 너희 바산의 암소들아, 이 말을 들어라. 가난한 사람들을 억압하고, 빈궁한 사람들을 짓밟는 자들아, 저희 남편들에게 마실 술을 가져오라고 조르는 자들아, 주 하나님이 당신의 거룩하심을 두고 맹세하신다. 두고 보아라. 너희에게 때가 온다. 사람들이 너희를 갈고리로 꿰어 끌고 갈 날, 너희 남은 사람들까지도 낚시로 꿰어 잡아갈 때가 온다."
>
> (아모스서 4:1-2)

이런 사실들과 앞으로 살펴볼 이런저런 측면들을 고려해 보면, 성서가 일종의 거룩한 희극을 보여주기 위해 다양한 희극적 장치들과 주제들을 이용하고 있음을 알 수 있다. 성서에는 부드러운 유머에서부터 신랄한 풍자에 이르기까지 희극적인 것들의 모든 범주가 폭넓게 전개되고 있다. 이것들을 찾아내는 것이 웃음의 은사를 받는 것이고 하나님의 유머를 공유하는 것이다.

어떤 사람들은 아무리 복잡한 문제들일지라도 몇 개의 핵심적인 문장으로 잘 요약될 수 있다고 가정하면서 용어들을 정의하기 위해 머리를 싸매고 고뇌하기도 한다. 그러나 유머, 희극, 아이러니, 그리고 풍자 같은 용어들은 그런 식으로 쉽게 요약되거나 정리되는 것이 아니다.[3] 오히려 구체적인 묘사나 실제 사례들이 그것들을 더 잘 설명해 준다. 그런 것들이 아니면, 그 용어들은 거짓말에 대한 어느 주일학교 어린아이의 정의처럼 되기 십상이다. "거짓말은 하나님이 싫어하는 것이에요. 하지만 곤란할 때에는 언제나 도움을 줘요."

희극적 정신과 관점이 어떤 것인지를 잘 보여주는 일화가 하나 있다. 그것은 하버드대학 학생 시절의 로버트 벤츌리Robert Benchley(1889-1949, 미국의 저명한 유머작가—역주)에 관한 이야기이다. 어느 날 그가 시험을 보는데 어업권과 국제 수역을 둘러싼 미국과 영국의 논쟁에 관한 문제가 나왔다. 그 문제의 요지는 두 나라의 관점에서 논의를 전개시키라는 것이었다. 벤츌리는 이렇게 썼다. "나는 영국의 관점이 무엇인지 전혀 모른다. … 그리고 미국의 관점에 대해서도 전혀 아는 바가 없다. 그러므로 나는 물고기들의 관점에서 이 문제를 논하고자 한다!"[4]

이런 경우, 희극적 관점은 물고기의 관점에 의해 표현된다. 어떤 관점을 취하느냐에 따라 우리는 문제와 상황을 전혀 예기치 못한 독특한 각도에서 바라볼 수 있다. 이는 직접적인 상황과 관습적인 지혜에서 완전히 동떨어진 시각이다. 그것은 일반적으로, 논쟁 중인 집단들과도 동떨어져 있다. 세속적인 지혜나 갈등하는 세력들이 보기에, 희극적 견해는 종종 어리석음처럼 보인다. 그러나 바로 이런 점에서, 희극적 관점은 보다 신적인 입장을 표현할 수 있는 가능성에 열려 있다. 상황은 보다 큰 관점 안에 놓이게 되며 보다 초월적인 위치에서 조망된다. 심지어 어린 아이나 바보나 물고기의 관점이 바로 하나님의 관점이 될 수도 있는 것이다.

하나님의 유머

처음에 그 미소는 겁을 먹은 듯 작게 떨린다. 근육들이 그렇게 독특한 방식으로 사용된 적이 전에는 없었다. 울고 칭얼대는 것은 이전에도 있었지만, 아기가 처음으로 특별한 인간적 반응을 보이는 것은 그 미소 속에서이다. 그것은 아기가 인간이 되는 첫 발을 내딛은 것이다. 주춤거리며 이(齒)도 없이 짓는 미소 속에서 우리는 하나님의 얼굴을 들여다보는 듯한 느낌과 이것이 하나님의 형상과 관계가 있다는 느낌을 받게 된다.

사라는 아이가 없었다. 몇 달이 지나고 몇 년이 지나도록, 그녀는 자기 안에서 꿈틀거리는 생명의 신호를 기다렸다. 아이가 없다는 것은 불모지와 같다는 것이다. 수십 년이 흘렀으나 그 영광스러운 순간은 결코 오지 않았다. 결국 그녀는 체념하고 그녀의 여종 하갈을 아브라함에게 주어 그녀를 통해 상속자를 볼 수 있도록 했다. 그 결합을 통해 "하나님이 들으신다"는 뜻을 지닌 아랍인들의 아버지, 이스마엘이 태어났다. 그러나 사라와 하갈 사이에 곧 질투와 알력이 생겼다. 이스마엘은 아브라함을 위한 축복이었지 사라를 위한 축복이 아니었던 것이다.

그러던 어느 날, 사라와 아브라함이 아주 늙었을 때, 아브라함은 사라가 그에게 아들을 낳아줄 것이라는 계시를 받았다. 이런 터무니없는 소식을 듣는 순간, 아브라함은 터져 나오는 웃음을 주체할 수 없었다. 데굴데굴 구를 정도였다. 아브라함이 아흔아홉 평생을 살아오면서 이처럼 어이없는 농담은 처음이었다. 사라 역시 그 소식을 듣고는 황당함에 웃지 않을 수 없었다! 그러자 하나님은 이렇게 말씀하셨다. "너는 그 아들의 이름을 이삭이라고 하라." 이삭은 웃음이라는 뜻이다.

일 년 후에 한 아들이 태어났다. "아브라함은 사라가 낳아 준 아들에게 이삭이라는 이름을 지어 주었다. 이삭이 태어난 지 여드레 만에, 아브라함은, 하나님이 분부하신 대로, 그 아기에게 할례를 베풀었다. 아브라함이 아들 이삭을 보았을 때에, 그의 나이는 백 살이었다."(창세기 21:3-5)

이스라엘의 역사는, 그것이 너무 불경스럽게 들리지 않는다면 하나의 농담, 즉 하나님의 농담divine joke으로 시작되었다. 아브라함과 사라의 웃음은 불신앙의 웃음이라기보다는, 우리가 "농담이죠?"라거나 "놀리는 거죠?"라고 말할 때와 같은 믿기지 않음에 대한 웃음이었다. 그러나 그것은 곧 믿음의 웃음이 된 웃음이었다. 앞으로 아브라함과 사라는, 그것이 어떤 일이든 불가능하다고 쉽게 단언하지 못할 것이다. 또한 그 결과 그들의 웃음은 다음 세대들을 위한 믿음과 소망의 웃음이 될 것이다.

한 아기의 출생은 기적의 느낌을 불러일으킨다. 그 작은 인간 생명체는 자기를 포함한 모든 생명의 기적이 돌연히 현실화되게 한다. 더욱이 이삭은 이중적인 기적이었다. 불임과 절망을 뚫고 생명과 사랑과 웃음이 들어왔기 때문이다. 이삭이 태어나자 사라는 기쁨과 경이로움에 사로잡혀 이렇게 외쳤다. "하나님이 나에게 웃음을 주셨구나. 나와 같은 늙은이가 아들을 낳았다고 하면, 듣는 사람마다 나처럼 웃지 않을 수 없겠지."(창세기 21:6)

성sex의 어리석음

"하나님이 나에게 웃음을 주셨구나." 그러나 이삭의 탄생이 웃음의 첫 번째 창조는 아니다. 웃음은 창조, 특히 인간 창조의 선물이다. 창세기의 창조이야기에서 웃음이 직접 언급되지는 않지만, 거기에서 웃음의 주제를 찾는 것은 쉬운 일이다. 아담과 하와의 이야기에서, 하나님은 아담을 먼저 창조하여 낙원에 두시고 그에게 동물 친구들도 만들어 주셨다. 그럼에도 불구하고 아담은 외로웠다. "이것이 무슨 낙원인가?" 그가 이렇게 말하는 것을 우리는 쉽게 상상할 수 있다.

그래서 하나님은 아담을 깊은 잠에 빠트리고 그에게서 갈비뼈 하나를 취해 그의 짝을 만드셨다. 그녀는 아담처럼 땅adamah으로부터 태어난 것이 아니라 아담으로부터 태어났다. 이것은 하와가 아담에게 종속적이지 않은 동등한 존재이기 때문이다. 아담의 갈비뼈로 만들어진 하와는 분명히 동등한 존재의 지위를 갖는다. 아담이 깨어나서 자기와 닮은 사람을 보았을 때, 그는 이렇게 외친다. "이는 내 뼈 중의 뼈요, 살 중의 살이라."(창세기 2:23, 개역 한글

판—역주) 『살아있는 성서The Living Bible』는 감격적인 아담의 심정을 더욱 생생하게 전하고 있다. "이제야 나타났구나, 이 사람! 뼈도 나의 뼈, 살도 나의 살…."

하와의 창조는 곧 웃음의 창조였다. 아담의 외로움과 불완전함 속에 생명과 사랑과 웃음이 들어왔다. 잠에서 깨어난 아담은 놀라울 정도로 자기와 닮았으면서도 또한 다른 사람이 앞에 서있는 것을 발견한다. 아담 역시 사실상 이렇게 외쳤을 것이다. "하나님이 나에게 웃음을 주셨구나." 이제 교제의 웃음, 나눔과 즐김의 웃음, 함께 웃는 웃음이 존재하게 되었다.

우리는 아주 많은 종류의 웃음을 상상할 수 있다. 예를 들면, 예기치 못한 것으로 인한 놀람과 경악의 웃음("너 어디서 나타났니?"), 믿기지 않음의 웃음("내 눈을 못 믿겠어!"), 경이로움의 웃음("이건 기적이야!"), 발견과 인식의 웃음("정말 너니?"), 다른 존재에게서 문득 자신과 닮은 것을 보았을 때의 웃음("너 나랑 참 많이 닮았구나!"), 문제가 해결됨으로 인한 안도의 웃음("이것이 내 뼈 중의 뼈로구나!"), 기쁨과 즐거움과 경축의 웃음("이제야 나타났구나!", "브라보!") 등이 그것이다.

성의 다름이라는 새로운 긴장에서 발생하는 웃음도 존재했다. 긴장은 일종의 해방의 기제로서 웃음의 주요 원천이다. 남성과 여성의 구별은 확실히 인간적 긴장의 주요 원인이었으며, 그리하여 그것은 지속적으로 웃음의 주요 원천이 되어왔다. 남성과 여성은 본질적으로 서로에게 이상한 존재들이다. 우리가 아무리 그 '시스템'에 익숙해진다 하더라도 그 '시스템' 자체가 매우 이상한 것이다. 남자들은 끊임없이 여자들에 대한 농담을 고안해냈고, 여자들은 남자들에 관한 이야기를 함으로써 즐거워했다. 우리는 교제와 나눔 속에서 함께 웃기도 했지만, 서로의 차이와 갈등 때문에 따로따로 웃기도 했다. 어느 오래된 연가의 가사처럼, 우리는 다른 성으로 인해 "매혹되고, 고통 받고, 정신을 잃게 된다." 이런 점에서 아담과 하와의 창조는 웃음의 창조였다. 그것은 인간 종족에 관한 근원적인 농담fundamental joke이 불현듯 현실화된 것이다.

이 근원적 농담 속에는 남성과 여성의 섹슈얼리티 자체로부터 발생하는 웃음이 포함되어 있다. 확실히, 가장 오래된 희극의 주요소는 성과 음식과 인간 배설물의 세속적 삼위일체였다. 인간의 자기의식과 벌거벗음에 대한 자각 속에서 그 세 가지 요소는 희극적 대화의 인기 있는 주제가 되었다. 필즈W.C. Fields(1880-1946, 미국의 유명한 희극 배우)가 〈틸리와 구스Tillie and Gus〉(1933)에서 말하듯이, "모든 사람에게는 황소의 꼬리를 잡고 정면으로 그 상황에 직면해야 하는 삶의 순간이 온다!"

인간의 실존과 더불어 새로운 긴장의 경기장이 개방된다. 그것은 동물이 경험하지 못했고, 아담이 동물과 공유할 수 없었던 것이다. 우리는 흙으로 창조된 지상의 피조물, 즉 아다마에서 온 아담이요, 모든 피조물들의 살과 뼈 중의 살과 뼈이다. 그러나 전도서의 말씀처럼 하나님은 "사람들에게 과거와 미래를 생각하는 감각을 주셨다."(3:11) 말하자면, 우리는 영원과 시간, 영혼과 육체, 생각과 충동, 무한과 유한, 부패하지 않음과 부패함, 불멸과 죽음 사이에 매달려 있는 존재이다. 그 긴장이 어떤 말로 표현되든, 또 그 말이 무엇을 의미하고 무엇을 의미하지 않는다고 제각기 주장하든, 그것이 인간 경험에 근본적인 것임은 분명하다. 그것은 자체로 타락한 긴장은 아니지만, 그 긴장 속에서 우리는 종종 헛디뎌 타락하곤 한다. 이성과 성sex, 합리성과 열정, 문화와 자연, 이 모두는 선한 창조의 면면들이다. 인간 존재에 요구되는 것은 황소의 뿔과 꼬리를 동시에 붙잡는 것이다.

플라톤은 인간이 한때 구球처럼 완전한 존재였으나 남자와 여자로 분리되었다고 주장했다. 그러나 창세기는 인간이 섹슈얼리티로 타락했다는 암시는 조금도 포함하고 있지 않다. 또한 창세기에는, 육체를 영혼의 감옥으로 보는 플라톤의 견해에서처럼, 영원한 영혼이 육체의 수렁으로 타락했다는 어떠한 암시도 없다. 선하신 하나님의 창조는 정신과 육체 모두로 존재하는 남자와 여자의 창조이다. 이러한 이중의 긴장 속에서 우리는 해방과 경축의 웃음을 웃는다. 웃음 속에서 우리는 이렇게 말한다. "인간 존재의 그 모든 거북스러움과 복잡함으로 미루어 짐작컨대, 신들은 미친 게 분명하지만 또한 선하신 게 분명해!" 성sex과 양성sexes의 창조는 신적인 어리석음을 보여주는 최고의 사례이다.

물론 웃음은 성적 결합 자체에도 울려 퍼진다. "그러므로 남자는 아버지와 어머니를 떠나, 아내와 결합하여 한 몸을 이루는 것이다."(창세기 2:24) 이것은 친밀함intimacy의 웃음이다. 성적인 결합을 "함께 웃는 것"이라고 보았던 에스키모 인들은 이것을 깨닫고 있었다. 아담과 하와는 에덴동산과 서로를 기쁘게 탐색했다. "와서 나와 함께 웃어라." 다른 존재와의 가장 깊은 친밀함은, 유머의 쾌활함을 포함하여, 쾌활함을 통해 얻어진다. 성이 지나치게 심각해질 때 의무감이나 음욕이 고개를 내민다. 쾌활함과 웃음, 그리고 선한 유머가 있을 때에만, 거기에 진정한 친밀함이 있을 수 있다. 함께 노는 커플은 하나가 된다! 서로 함께하는 자유는 자기 자신이나 남을 "진지하게"만 대해서는 결코 얻어지지 않는다. 사람은 쾌활하고, 재미있고, 유머러스하게 대하고 대해져야 한다. 그런 식으로, 남자와 여자, 영혼과 육체의 거북스러움은 초월된다. 그것은 오히려 은혜가 될 수 있다.

심각함으로의 타락

이 모든 것들은 상상할 수 있는 것이다. 실제로, 텍스트의 정연한 흐름 속에는 이러한 차원들이 뚜렷하지는 않지만 함축적으로 존재한다. 이런 차원들에 대한 최상의 해석은 성서학자들의 수많은 논평들 가운데서가 아니라 마크 트웨인의 『이브의 일기Eve's Diary』에서 발견된다! 문자에 사로잡힌, 특히 상상력이 부족하고 지나친 진지함의 구속복을 입은 해석학자들은 아무것도 보지 못한다. 문자주의는 정확하게 언급되고 있는 것에 의미를 한정시키고, 표층 차원에 머물게 한다. 농담을 문자 그대로 받아들이려는 태도 속에서, 미묘한 어감이나 이중적인 의미, 말놀이, 특히 유머는 상실되고 만다. 애초부터 그런 가능성을 제거하려는 사람들은 놀이와 웃음의 의미를 결코 이해할 수 없다. 문자주의자들은 그런 요소들이 성서에 영감을 불어넣으신 하나님 안에서는 절대 발견되지 않을 것이라는 위험한 가정을 가지고 성서에 접근하려는 경향이 있는 것이다.

일부 성서 해석자들은 조급하게도 창조 다음에 오는 죄와 타락의 어두운 이야기를 찾아내기에 급급하다. 악과 재앙, 범죄와 처벌에 관한 이야기들은 아담과 하와가 에덴의 이곳저곳에서 즐겁게 놀았다는 주장들보다 더 흥미로워 보인다. 우리는 금지된 과일, 살인, 부정한 성교, 대홍수의 재앙, 무너진 탑들의 이야기로 곧장 돌입하고 싶어한다. 신학자들과 성서학자들은 얼마나 빨리 반대편 해안으로 넘어가서 타락과 원죄와 총체적인 부패에 관한 끊임없는 담론들을 내놓기 시작하는가! 이런 조급함 자체가 타락의 증거이자, 인간의 죄성罪性을 여실히 보여주는 일간 신문의 사건들을 끊임없이 정당화하는 기제일 것이다.

수많은 종교 서적들을 읽는다 하더라도 하나님과 유머의 관련성을 찾아내기란 정말이지 쉽지 않다. 우리는 막연히 하나님은 유희적인 호모 루덴스(homo ludens, 유희적 인간)나 명랑한 호모 리센스(homo risens, 명랑한 인간)가 아니라 호모 사피엔스(homo sapiens)를 창조하셨을 것이라고 생각한다. 종교사상에 관한 방대한 저술들 속에 뚜렷하게 나타나는 유일한 인간성은 아마도 호모 그라비스(home gravis, 근엄한 인간)일 것이다.

절대자의 특징이 그의 절대적인 진지함에 있다고 확신하는 종교가 상상하는 하나님은 극도로 근엄하지는 않더라도 최소한 "호모 그라비스"만큼은 근엄할 것이다. 하나님이 웃음과 쾌활함과 유머를 창조하셨다 하더라도, 신학자들이나 성서학자들, 교회학자들은 그것에 대해서는 거의 들어본 적이 없다. 하나님의 유머 같은 것이 있다손 치더라도, 그것은 결코 우리의 신조나 신앙고백이나 교리 문답 속에서는 발견되지 않는다. 이는 당연하다. 유머나 웃음이나 쾌활함 같은 것들은 우리가 끊임없이 싸워온 대상들이니까.

그럼에도 불구하고 인간 실존은 이 두 가지 측면을 모두 가지고 있다. 우리에게는 냉정하고, 진지하고, 우울한 면도 있고, 명랑하고, 쾌활하고, 미소 짓고, 웃고, 농담하고, 어쩌면 다소 바보 같은 면도 있는 것이다. 우리는 양 측면을 모두 가진 존재이고, 이 양 측면은 완전한 인간이 의미하는 바가 무엇인지 정의해준다. 누가 항상 자신의 뜻을 이루거나 부자가 되기만을 바라겠는가? 우리를 여전히 압도하고 있는 편향은 하나님과 종교와 인간성을 주로 진지한 측면에, 아니 오히려 우리의 가장 심각한 순간들에 관련시키는 것이다. 밝고 가벼운 면은 진지함의 타락이거나, 혹은 진지함의 훼손이라는 의심을 받아왔다. 피터 샤퍼Peter Shaffer의 영화 『아마데우스』에 나오는 질투심 많은 살리에리처럼 우리는, 신적인 영감을 받은 음악과 고결한 진지함을 귀에 거슬리는 웃음이나 바보 같은 사랑과 결합시키는 모차르트를 어떻게 다루어야 할지 안절부절한다. 우리는 가장 따분하고 지루할 때의 우리를, 거룩한 것까지는 아니더라도, 가장 종교적이거나 경건한 존재로 바라본다. 하나님이나 주교 앞에 선 우리는 웃음과 유머를 매우 불편하게 생각한다. 웃음은 경건과 믿음을 가장 심각하게 훼손하는 것처럼 보이고, 유머는 종교를 제대로 진지하게 다루지 못하게 하는 것처럼 보이기 때문이다.

라인홀드 니버Reinhold Niebuhr는 2차 세계대전이 끝날 무렵의 그 암울한 시기에, 웃음은 "교회 입구에서나 어울리고, 웃음의 메아리는 교회 전체로 울려 퍼질 수 있지만, 하나님의 성소에 적합한 것은 믿음과 기도, 그리고 진지함이다"[1]라고 썼다. 니버는 통찰력 있는 글들을 많이 썼지만, 이것은 그런 글들에 속하지 못한다. 그의 말은 에덴동산으로 거슬러 올라가는 오랜 금기 중의 하나를 반영하고 있다. 그러나 타락이 있다면 그것은 웃음의 상실이지 진지함의 상실이 아니다. 아담과 하와는 그들 자신과 그들의 "결핍"과 야망을 너무 진지하게 받아들이기 시작했을 때 타락했다. 그리고 그 이후로 우리는 우리 자신, 우리의 견해와 신념, 우리의 지위와 업적, 그리고 우주에 대한 우리의 계획을 지나치게 심각하게 받아들여 왔다.

웃음은 우리들로 하여금 천박한 것에 몰두하게 하고 신성을 모독하게 만들며, 교회에서 아이들을 산만하게 하여 세례식이 진행되는 동안 킥킥대게 만드는 악마의 발명품과 같은 것이 아니다. 프리드리히 니체가 언급했듯이, "심각하고, 철저하며, 심오하고, 엄숙한 자, 즉 진지함의 영혼이 바로 악마이다. 그를 통해 모든 것이 타락한다."[2] 웃음은, 근본적으로, 경축하는 실존적 행위이다. 웃음은 기쁨과 감사의 표현이다. 그래서 웃음과 유머와 희극은 공히 축제와 파티, 친목회와 결혼식, 생일과 봄 의식 등, 삶의 난관과 어두운 면에도 불구하고 사람들이 함께 모여 삶을 긍정하는 곳과 항상 관련되어 있는 것이다.

웃음은 그저 타락 상태의 긴장과 모순들을 해소하는 장치인 것만이 아니다. 그 이상이다. 타락한 이성reason과 타락한 성sex이 있듯이, 타락한 웃음도 존재한다. 타락한 웃음은 우리가 누군가를 조롱하거나 자신을 남보다 높이고자 할 때 사용하는 것이다. 인종주의자들의 농담과 성차별주의자들의 농담, 그리고 폴란드식의 농담(흔히 공격적인 농담으로 알려져 있다—역주)이 그런 웃음이다. 타락한 웃음은 다른 사람들과 함께 웃는 것이 아니라 다른 사람들을 비웃는 것이다. 최악의 경우, 타락한 웃음은 악의적이고, 잔인하고, 빈정거리고, 조롱하고, 거만하고, 천박하고, 모질고, 광적이게 된다. 예수님의 십자가 죽음에 대한 군중의 웃음이 바로 이런 질 낮은 종류의 웃음에 속한다. 그런 웃음은, 근본적으로 선한 하나님의 창조의 선물에 대한 왜곡이다. 루이스C. S. Lewis는 다음과 같이 지적한 바 있다.

> 유머는 균형 감각과 외부에서 자기를 보는 힘과 관련되어 있다. 우리는 지옥을 죄 지은 자들이 가는 곳으로만 치부해버려서는 안 되며, 모든 사람이 자기 자신의 명예와 출세에 대해 끊임없이 염려하는 곳, 모든 사람이 슬픔을 가지고 있는 곳, 그리고 질투와 자기중심성과 분노라는 과도한 격정으로 살아가는 곳으로 묘사해야 한다.[3]

사도 바울은 그가 조금쯤 자랑하고 싶어졌을 때 자신의 약함을 자랑했다. 이는 자신의 훌륭함과 다른 모든 사람의 무가치함을 고백하는 타락한 유머와는 정반대되는 것이다. 유머가 경축이 아닌 한에서, 그것은 당연히 고백일 수밖에 없다. 유머를 통해 우리는 우리 자신이 다른 모든 인간들처럼, 유한하고, 틀리기 쉽고, 죽을 수밖에 없으며, 죄 많고, 어리석다는 것을 고백한다. 우리는 "거울로 영상을 보듯이 희미하게" 보고, "부분적으로만 알며, 부분적으로만 예언한다"고 고백한다.(고린도전서 13:12, 9) 16세기 희극에 등장하는 어느 대사에서처럼, "그들이 쓴 글을 믿는 것이 곧 그들을 하나님의 첫째가는 형제들로 받아들이는 것이라고 생각하는 심오한 사람들이 있다!"[4] 이러한 비판을 차치하더라도, 경건은 항상 교만의 위험성이 있고, 영성은 신앙심 깊은 체 할 위험이 있으며, 믿음은 독단과 광신의 위험성이 있는 것이다.

하나님의 형상

하나님의 형상에 따라 창조되었다는 말의 의미가 무엇인지에 대한 의문은 여러 시대에 걸쳐 끊임없이 제기되었다. 그러나 웃음과 유머를 하나님의 형상이나 그 형상이 반영하는 하나님의 중요한 특징으로 설명했던 적은 거의 없었다. 아니 전무했다. 모든 신학 저술들을 다 읽는다 하더라도 그런 요소들이 있었다고는 결코 생각할 수 없을 것이다. 신성神性이라는 주제가 등장할 때면 언제나 엄숙함의 정신이 모든 것을 압도한다. 우리는 인간성의 수많은 특징들을 상상할 수 있다. 언어, 이성, 의식, 상상력, 창조성, 아름다움에 대한 인식, 종교성 등등. 최신 인류학이 주장하는 바와 같이 우리는 호모 사피엔스일 뿐만 아니라 호모 사피엔스사피엔스, 즉 두 배로 지혜로운 존재인 것이다.

창세기 1장의 말씀은 하나님의 형상이 무엇인지 직접적으로 언급하지 않는다. 웃음과 유머뿐만 아니라 그 밖의 다른 속성들도 마찬가지다. 하나님의 형상이라는 용어는 정교하게 사용되지 않는다. 따라서 우리는 그 용어를 문맥에 따라 유추해서 해석할 수밖에 없다. 창세기 1장의 기본 관심은 질서정연한 관계들을 설명하는 것과 관련된다. 모든 것들은 어떻게 서로서로에 대해 그리고 하나님에 대해 적절한 관계를 맺고 있는가? 만물의 우주적 체계 속에서 인간은 특별히 어떤 위치에 있는가? 인간은 지상의 동물들과 같은 날에 창조되었고 많은 점에서 그들과 비슷하다. 또한 인간은 동물과 땅에 대한 지배권이 주어진다는 점에서 그리고 하나님과의 특별한 관계를 허락받았다는 점에서 동물과 다르다. 우리가 하나님의 형상에 따라 창조됨은 우리가 동물과 다른 또 다른 측면이다. 가슴 벅찬 시편의 말씀은 이렇게 말하고 있다.

> 사람이 무엇이기에 주님께서 이렇게까지 생각하여 주시며, 사람의 아들이 무엇이기에 주님께서 이렇게까지 돌보아 주십니까? 주님께서는 그를 하나님보다 조금 못하게 하시고, 그에게 존귀하고 영화로운 왕관을 씌워 주셨습니다.
>
> (시편 8: 4, 5)

인간의 이러한 중간자적 특성은 거의 언제나 인간 실존의 건전한 측면이란 견지에서 해석되어 왔다. 이런 점에서 우리는 하나님과 더 닮았고 동물들과는 구별된다는 식으로 말이다. 그렇게 함으로써 우리는 하나님이 인간 실존의 이런 건전한 측면에 가깝다고 단언해 왔다. 노동의 은유는 놀이의 은유보다 하나님의 창조에 더 적절한 듯하고, 엄숙함의 이미지는 웃음의 이미지보다 창조자 하나님에 더 잘 어울리는 것 같다. "자연, 인류, 그리고 하나님"에 대한 최종적 그림 속에는 본질적으로 유머가 낄 자리가 없다는 것이다.

그러나 우리의 인간다움은 노동만큼이나 놀이에 의해서도, 진지함만큼이나 웃음에 의해서도, 심지어 의미만큼이나 무의미에 의해서도 특징지어진다. 인간을 "웃는 동물"로 분류했다는 점에서 고대 그리스인들은 어느 정도 진리에 근접해 있었다. 인간과 당나귀가 근본적으로 다른 점은, 오직 인간만이 웃을 수 있다는 것이다. 당나귀는 그저 울 수 있을 뿐이다. 만약 개나 고양이에게 시험 삼아 가장 단순한 농담이라도 던져본 사람이라면, 그 차이의 중요성을 인식할 것이다. 동물들은 모든 것을 문자 그대로 받아들인다. 동물들은 이중 의미나 말놀이, 과장이나 축소, 부조화나 부조리, 반어나 역설의 개념을 가지고 있지 않다. 또한 동물들은 모든 것을 매우 진지하게 받아들인다. 그들은 놀이의 감각을 일부 가지고 있지만, 그들의 실존이나 실재를 놀이 대상으로 할 수 있는 감각은 전혀 갖고 있지 못하다. 동물들은 유머 감각이나 희극적인 것을 이해할 수 있는 능력을 발전시킬 만큼 충분히 그들 자신이나 그들의 상황에 거리를 둘 수 있는 힘을 가지고 있지 않다.

새끼 호랑이는 매우 쾌활할 수 있지만, 호랑이가 성장해감에 따라 이런 쾌활함은 사라진다. 어린 비비는 호기심과 장난기가 매우 많지만, 늙은 비비는 심각함 그 자체라서 모든 것이 일이고 무의미한 것이라곤 없다. 그들에겐 진지한 척 가장하는 것도 불가능하다. 그러나 인간은 여든 살에도 여덟 살 때처럼 생생한 유희 정신을 가질 수 있다. 이는 몸보다는 마음, 육체보다는 정신의 측면에서 더 그러하지만, 그렇기 때문에 더 창조적이고 풍부해질 수 있다. 화이트헤드Alfred North Whitehead는 수학 분야에서의 화려한 이력을 뒤로 하고 철학을 선택해서 그 분야에서 86세까지 더욱 빛나는 업적을 쌓았다. 코미디언 조지 번스는 아흔 살의 나이에도, 그가 이 삼십대에 그레이시 앨런Gracie Allen과 함께 했을 때만큼 재빨리 움직일 수는 없었지만, 생기 있는 눈빛과 상상력과 쾌활함과 유머는 이전처럼 활기찼다. 아직 눈을 깜빡일 수 있는 사람은 전 우주를 뒤집을 수 있는 것이다.

좀더 노골적으로 말하자면, 인간과 동물은 진지함을 공유하지만 웃을 수 있는 능력은 인간만이 가지고 있는 것이다. 개는 꼬리를 흔들고 원숭이는 얼굴을 찌푸리며 캑캑 울지만, 오로지 인간만이 무엇인가를 가지고 비틀고, 뒤집고, 새로운 것을 만들고, 낡은 것을 변형시키면서 재미있게 놀 수 있는 능력을 가지고 있다. 인간 특유의 능력으로 우리는 모든 것들을 기이한 각도로 볼 수 있고 모든 것들 속에서 기이함을 발견할 수 있다. C. S. 루이스의 『나니아 연대기』에서, 주인공 아슬란은 말하는 동물들을 창조한다. 어느 날 그 동물들은 웃음을 발견한다. 처음에 그들은 그런 "이상한 소음"을 부끄럽게 여기고 억제하려 한다. 그러나 아슬란은 그들에게 이렇게 말한다. "피조물들아, 두려워 말고 웃어라. 너희는 이제 더 이상 우둔한 바보가 아니니까 항상 심각할 필요는 없다. 정의뿐만 아니라 농담도 창조되었단다."5)

하나님의 미소

아이들을 생각해 보자. 아기 때에는 뚜렷한 인간다운 특성 없이 그저 먹고, 자고, 울고, 싸기만 한다. 그 작은 피조물이 부모 중의 어느 한쪽을 매우 많이 닮았다 하더라도, 그것은 그저 작은 동물일 뿐이다. 그러다가 그 작은 얼굴이 빛을 내고 미소 짓기 시작하는 마술적인 순간이 다가온다. 처음에 그 미소는 겁을 먹은 듯 작게 떨린다. 근육들이 그렇게 독특한 방식으로 사용된 적이 전에는 없었다. 울고 칭얼대는 것은 이전에도 있었지만, 아기가 처음으로 특별한 인간적 반응을 보이는 것은 그 미소 속에서이다. 그것은 아기가 인간이 되는 첫 발을 내딛은 것이다. 주춤거리며 이(齒)도 없이 짓는 미소 속에서 우리는 하나님의 얼굴을 들여다보는 듯한 느낌과 이것이 하나님의 형상과 관계가 있다는 느낌을 받게 된다.

아이는 더욱 뚜렷한 사람다움의 특징인 자기인식과 말과 추상 능력을 보여주기 훨씬 전에, 가장 먼저 미소를 짓는다. 그 다음에 곧 웃음이 온다. 울음은 웃음에 의해 균형이 갖춰지기 시작하고, 먹을 것과 깨끗한 기저귀에 대한 절박한 욕망은 쾌활하게 꼴깍거리고 즐겁게 탐색하는 것으로 균형이 잡히기 시작한다. 자라나는 아이는 동물적인 진지함의 무게를 나날이 발전하는 유머 감각을 통해 상쇄하는 능력을 배운다. 어른들의 세계가 종종 진지함을 장려하고 유머 감각을 깎아내리지만 말이다.

윌리엄 워즈워스는, 플라톤적 영향의 과도함에도 불구하고, 「어린 유년시절의 회상」에서 본질적으로 옳았다.

완전한 망각 속에서도 아니고
벌거벗음 속에서도 아니다.
우리는 영광의 구름 따라 신에게서 왔으니
우리의 고향은 하나님이다.
우리가 아이였을 때 천국은 도처에 있었다!
감옥의 그림자는 자라나는 아이 위로
드리우기 시작하고……
결국 어른이 된 우리는 깨닫는다, 천국이 일상의 빛 속으로
흩어져 영영 사라져버렸음을.

아이들에게, 삶은 놀이일 뿐이다. 일도 아니고 수고도 아니다. 음식은 먹는 것일 뿐만 아니라 손으로 주무르고, 여기저기 바르고, 흘리고, 던지고, 입에 넣었다가 뱉는 것이기도 하다. 발은 이동수단이자 놀이도구이다. 삶은 쾌활하게 웃으면서 호기심을 가지고 살아야 하는 것이다. 그러나 근심하는 어른이 진지함과 의미로 꽉 찬 철학과 함께 곧 등장한다. 아이는 적게 웃고 좀더 진지해지는 법을 배워야 한다. 물건을 가지고 놀지 않고 그것으로 일을 한다. 엄숙과 실용주의의 정신이 압도하기 시작한다. 배움의 동기는 매혹이 아니라, 보상과 처벌의 체계와 인력 시장의 미래 수요이다. 게임조차 더 이상 재미를 위한 것이 아니다. 그것은 기술과 조정, 그리고 훈련을 테스트하는 것이다. 그것은 상대방에게 이기려는 욕망에 의해 연료를 공급받는다. 스포츠는 스포츠 자체를 위한 것이 아니다. 그것은 격한 연습과 팀워크의 개발, 그리고 평생 직업을 위한 준비로 이루어진다. 요컨대, 아이들은 모든 것을 놀이로 바꾸지만 그들의 부모는 놀이를 일로 바꾼다.

부모들은 아이들을 철이 들고 진지해지게 만드느라 바쁘다. 그들은 아이들의 태평하고 유희적인 세계를 참지 못한다. 그 세계는 갈 곳도 없고 성취할 것도 없는 것처럼 보인다. 대부분의 보통 어른들은 아이들에게 이렇게 묻는다. "넌 왜 철이 안 드니?" "넌 왜 나이 값을 못해?" 이러한 충고는 결국, "넌 왜 우리처럼 되지 않니?"라는 뜻이다. 다시 말해, 신경질적이고, 걱정하고, 완고하고, 까다롭고, 초조해하고, 지루해하는 우리 어른들처럼 되라는 의미이다.

아이들은 비밀을 가지고 있다. 그것은 삶의 방법에 관한 비밀이다. 원죄에 관한 그 모든 우리의 어두운 말들에도 불구하고 아이들은 여전히 에덴동산과 접촉하고 있다. 대부분의 어른들은 부모가 된다는 것을 아이들을 가르칠 기회라고 생각한다. 그러나 어른의 세계는 장차 그 약속의 땅에 도착하면 맛보게 될 온갖 즐거움을 기대하면서, 차마 다 자랄 때까지 기다릴 수 없어 어른들을 흉내내며 뒤따라야 하는 그런 세계가 결코 아니다. 우리는 젖과 꿀이 넘치는 땅을 떠나 척박한 이방의 땅으로 들어간다.

부모가 된다는 것은 오히려 어른이 아이로부터 배울 수 있는 기회이다. 아이들이 이기적이고 자기중심적이며 성질 사나운 것은 사실이다. 그들은 분별없고, 예의가 없으며, 천방지축일 수 있다. 그리고 그들은 잘 운다(이것이 아이들이 성장해야 하는 이유이다). 그러나 아이들에게는 우리가 성장함에 따라 잃어버리곤 하는 어떤 아이다운 매력이 있다. 이것이 바로 어른들이 다시 한번 어린 아이가 되어야 할 이유이다. 진정한 성숙은 한때 우리의 모습이었던 어린 아이를 죽여 땅에 묻음으로써 이루어지는 것이 아니다. 청년기에 우리는 어린 시절의 세계로부터 도피함으로써 성숙해지고, 예전의 자신을 떠올리면 성숙해지지 못한다고 상상한다. 어른스러움의 특징으로 간주되는 것들의 대부분은 보다 발전되고 경직화된 청년기의 모습에 불과하다. 진정한 성숙은 그러나 아이다움의 부활을 포함한다. 조지프 캠벨Joseph Campbell이 말했듯이, "사실, 우리 시대의 싸구려 소설의 주인공이 될 법한 폭력배나 야비한 사람들은 어른이 되어서 이런저런 이유로 [쾌활함을 유지하는데] 실패한 이들이다."[6]

아이들은 어른의 세계를 진지하게 받아들이지 않을 수 있는 성가신 ─어른들이 보기에─ 재능을 가지고 있다. 순진무구한 웃음이 만들어내는 신선한 공기는, 마치 에덴에서 불어오는 부드러운 바람처럼, 숨 막힐 듯 답답한 어른의 세계를 상쾌하게 해준다. 끊임없이 "왜?"라고 묻고 거리낌 없이 말하는 조그만 아이에 의해 전체 문명의 자명한 가정들과 공리들이 의심스러워 질 수 있다. 아이의 어리석음에는 하나님의 지혜와 같은 것이 있다. 그리고 우리를 가르치는 아이의 웃음과 쾌활함 속에는 하나님의 얼굴과 형상이 빛난다.

창조의 놀이

니체의 짜라투스트라는 "춤을 출줄 아는 신만을 믿어야 한다"고 말했다.[7] 그는 그런 신을 결코 찾아낼 수 없었다. 부분적으로는 성서 해석과 신학 담론의 역사에서 그런 가능성들이 철저하게 은폐되었기 때문이다. 그러나 성서의 하나님은 천상의 왕좌에 계신 하나님이자 춤을 추시는 하나님이기도 하고, 일하시는 하나님이자 유희의 하나님이기도 하다. 우리는 창조주 하나님과 그분의 창조를 6일의 노동과 7일째 날의 휴식이라는 틀에서 보는 경향이 있지만, 이것이 우리가 상상할 수 있는 유일한 것인가? 확실히, 시편 104장의 말씀은 그 주제에 대해 덜 조직적이고 보다 유희적인 접근방식을 보이고 있다.

> 주님, 주님께서 손수 만드신 것이 어찌 이리도 많습니까?
> 이 모든 것을 주님께서 지혜로 만드셨으니,
> 땅에는 주님이 지으신 것으로 가득합니다.
> 저 크고 넓은 바다에는, 크고 작은 고기들이
> 헤아릴 수 없이 우글거립니다.
> 물 위로는 배들도 오가며,
> 주님이 지으신 리워야단도
> 그 속에서 놉니다. (24-26)

시편 기자記者가 보기에, 피조물로 가득한 땅과 바다의 풍요로움은 노동과 같은 보다 큰 목적을 위한 것인 만큼이나 놀이와 같이 자족적인 것이기도 하다. 하나님이 창조한 모든 것들은 그것 자체로 가치가 있다. 그것들은 하나님의 선하신 창조의 일부이다. 그들의 가치는 단지 어떤 거대한 계획이나 숨은 동기에 봉사하는 데 있지 않다. 끔찍한 바다괴물 '리워야단'Leviathan조차 지중해에서 뛰논다. 그런 창조적 낭비의 하나님은 일에 열심이실 뿐만 아니라 에너지가 고갈된 다음에 주말의 휴식과 긴장 해소를 요구하시는 하나님이다. 시편 104장은 다음과 같이 말하고 있다. "주님은 빛을 옷처럼 걸치시는 분, 하늘을 천막처럼 펼치신 분, 물 위에 누각의 들보를 놓으신 분, 구름으로 병거를 삼으시며, 바람 날개를 타고 다니시는 분."(시편 104:2, 3)

인간의 창조가 하나님의 창조와 가장 유사한 점은 그것이 창조 자체를 위한 창조라는 것에 있다. 앨런 와츠Alan Watts는 바흐와 같은 작곡가의 음악을 "순수한 놀이", 다시 말해 "그것 자체로 완전히 충분한, 영광스러운 소리들의 복잡한 배열"이라고 표현했다. 위대한 음악의 목적은 생계를 유지하거나 시위원회를 즐겁게 하는 것과 같이 외적인 것이 아니라, 내적인 것, 즉 그것 자체의 즐거움과 재미를 위한 것이다.

> 복잡한 멜로디들이 끊임없이 흐르고 또 흐른다. 멈춰야할 어떤 필요성도 없어 보인다. 그(바흐)는 자연의 불필요한 광대함 속에서 볼 수 있는 것과 동일한 신적인 사치로 방대한 양의 곡을 썼다. … 그런 유희정신이야말로 신적인 지혜의 본질이다.[8]

열등한 음악만이 그것의 존재 이유와 설명을 필요로 한다. 우리가 위대한 작곡가들의 작품에 대해 신적인 영감을 받았다고 말하는 이유는 아마도 그들이 자신의 작품 속에서 신적인 유희정신의 일부를 드러내주기 때문일 것이다. 이런 관점에서 보면, 실존의 최고 단계는 놀이이다. 놀이 속에서는 항상 사물들이 그 밖의 어떤 곳에 도달하거나 그 밖의 무언가를 성취하기 위한 발판으로 전환되지 않는다. 사물들과 행위들은 그것 자체를 목적으로 존재하고 수행된다. 춤을 추는 목적은 무대 위의 어떤 한 지점에 도달하는 것도 아니고, 가능한 한 빨리 그 지점에 도달하는 것도 아니다. 그것은 그저 춤의 움직임을 즐기는 것이다. 대개의 춤들은 순환적인 구조로 이루어지는데, 도달해야 할 특정한 지점도 없으며, 춤 자체의 행위 이외의 특정한 목표도 없다.

목성은 12개의 위성을 가지고 있고, 토성은 여러 개의 띠에 둘러싸여 있다. 달에는 마마자국과 같은 무수한 분화구들이 있다. 이는 결국 무엇을 의미하는가? 무엇 때문에 하늘의 별들은 아무도 그것들을 다 셀 수 없고, 그것들의 의미를 깨닫는 것은 고사하고 전부 볼 수조차 없을 정도로 그렇게 많은가? 우주에는 낭비되는 공간이 왜 그렇게 많은가? 우리는 항상 우주의 의미를 찾으려 하고, 어디에서나 목적을 발견하려 한다. 정확하게 계획된 순서에 따라 끊임없이 진행되는 계획을 발견하고, 심지어는 흐르는 시냇물에서조차 교훈을 얻으려고 하는 것이다. 그러나 그 결과는 『웹스터 사전』에 대한 마크 트웨인의 다음과 같은 말과 같지 않은가. "이것은 매우 흥미롭고 유용한 책이다. … 나는 자주 이 책을 들여다보았지만 결코 그 숨은 의미the plot를 알아낼 수는 없었다."[9]

우리는 수십억의 별들로 이루어진 수백만의 은하계와 혜성들과 블랙홀들이 광대하게 펼쳐져 있는 우주의 거대함을 볼 수 있는가? 그리하여 그 속에서 놀이하는 하나님을 볼 수는 없는가? 우리는 나선형 성운의 소용돌이나 행성들과 그것들에 속한 위성들이 선회하는 모습이나 보이지 않는 궤도를 도는 전자의 운동을 관찰할 수 있는가? 그리하여 그 속에서 우주적인 춤의 리듬을 느낄 수는 없는가? 우리는 일천 광년이나 떨어진 곳에 있는 또 다른 지구들과 상상하지 못한 생명체들의 어마어마한 수에 경탄하고, 그런 생각할 수조차 없는 광대함이 오직 인간과 인간의 하잘 것 없는 운명을 위한 것이라고 상상할 수 있는가? 우리는 인간이 있기 전에 존재했던 믿기지 않는 수많은 피조물들이나, 한 때 지구상에 살았음을 보여주는 화석 흔적들과 여기저기서 발견되는 뼈들을 남겨놓은 무수한 피조물들을 연구하고서도, 이 세계를 단지 진지한 사업으로만 상상할 수 있는가?

수백만 종의 곤충들이나 1억 5천만년이나 된 공룡 화석들을 고려하면서, 혹은 정글에서부터 북극까지, 바다에서부터 산과 원시의 늪에 이르기까지 지금도 살고 있거나 이전에 존재했던 수많은 식물들을 고려하면서 우리는 이 같은 생명의 폭발이 희극의 영역 밖의 일이라고 절대적으로 가정할 수 있는가? 누군가의 재치 있는 말처럼, "하나님은 틀림없이 유머 감각을 가지고 계신다. 그렇게 많은 공룡들을 창조하셨으니!"

그렇다면, 우리는 성서가 전하는 기이한 이야기들과 정처 없는 이주들, 그리고 히브리 민족의 파란만장한 운명 속에서 드러나는 하나님의 계시와 구원의 드라마를 보고, 거룩한 희극을 보고 있는 듯한 느낌을 받을 수는 없는가? 우리는 성서가 전하는 세계가 크고 작은 일들로 넘쳐나는 세계임을 알고 있다. 끝없는 계보들, 군대 점호들, 세세한 의례 규범들, 대단찮은 왕들의 목록들, 장막들과 성전들과 관련한 자질구레한 명세표들, 대수롭지 않은 도시들과 사람들, 사소한 사건들과 잡다한 이야기들. 때때로 종교적 가르침과 교훈적인 이야기들, 그리고 상대적으로 매우 드물게 헌신적인 예배와 관련한 것들.

성서는 이집트의 왕들이나 로마의 황제들, 영웅들과 고위 성직자들에 대해서도 간혹 언급하기도 한다. 그러나 이집트나 로마와 같은 대제국들은 지평선 멀리 흐릿하게 보이는 은하들처럼 묘사되고, 정말 주목할 인물들은 기껏해야 달밤의 희미한 별들처럼 언급된다. 성서는 핵심 플롯을 가지고 거침없이 앞으로 나아가는 대신, 사소한 사건들과 독자가 금방 잊어버릴 주변 인물들에 대한 묘사에 많은 시간을 할애하는 바로크 소설 같은 인상을 준다. 성서를 통독해 본 사람들이라면, 이런 느낌에 친숙할 것이다. 그들은 보드게임을 하거나 소도시 신문의 "우리 동네" 섹션이나 부고 란을 읽는 듯한 느낌을 받는다.

프랜시스 베이컨은 성서를 일컬어 "하나님의 말씀에 관한 책"이자 "하나님의 사역에 관한 책"이라고 정의했다. 신성로마제국의 황제 요제프 2세는 모차르트의 오페라 악보를 보고는 "음표가 너무 많다"고 말했다고 한다. 우리가 성서를 읽으며 받는 느낌도 그와 유사하다. 이런 설명들은 성서를 헐뜯기 위함이 아니다. 이는 오히려 성서가 말하는 세계와 하나님이 창조하신 세계가 희극의 세계와 다소 기묘하게 일치하고 있음을 말하고자 하는 것이다. 희극적인 감각과 유머의 놀이정신은 단지 인간 스스로 성취한 특성만은 아닌 것 같다. 아기의 미소와 아이의 웃음, 익살꾼의 농담과 사람들이 즐기는 게임은, 스스로의 욕망과 두려움 때문에 아무 것에도 눈을 돌리지 못하는 둔감한 사람들에게 함부로 취급되도록 내버려 둘 수는 없는 것처럼 보인다.

인간 실존의 이런 "다른 측면"은 사물의 본질과, 시간과 공간과 역사의 믿을 수 없는 드라마를 창조하신 하나님의 본질에 근거하고 있는 듯하다. 또한 이 다른 측면은, 그 모든 진지함에도 불구하고 거룩한 희극을 암시하는 듯한 성서의 기묘한 세계와도 일치한다. 이 모든 것들 속에서 우리가 보고 있는 것은 하나님의 유머가 아닐까?

부활절 환희

신앙과 유머의 관계는 매우 밀접한 것이다. 한편에는 우상숭배와 교만의 위험이 있다. 다른 한편에는 불신앙과 절망의 위험이 있다. 유머 없는 신앙은 광신적인 열광주의가 되고, 신앙 없는 유머는 냉소주의가 된다. 그러므로 최상의 종교적 체험과 표현은 신앙과 웃음 사이의 미묘한 균형 속에 존재한다.

(복음gospel으로 번역되는) 희랍어 에우앙겔리온euangelion은 사람의 마음을 기쁘게 하고, 즐거움으로 노래하고 춤추고 껑충껑충 뛰게 만드는 좋고 유쾌하고 기쁘고 즐거운 소식을 가리킨다.

윌리엄 틴들William Tyndale

그의 신약성서 영역판 서문(1526)에서

얼마 전 〈투나잇 쇼〉에 출연한 어느 아일랜드계 코미디언이 진행자인 자니 카슨Johnny Carson에게 가톨릭교회에서 사제를 일컬어 "경축하는 자celebrant"라고 부르는 것이 참으로 인상적이라고 말한 적이 있다. 그러나 가톨릭신자인 그는 곧 덧붙여 말하기를, 자신은 사제가 왜 예배의식의 어느 순간에 장례식 같은 분위기를 깨고 "우아!" 하고 외치지 않는지 모르겠다고 했다. 그의 주장은 어떤 면에서 신성모독처럼 들리지만, 꼭 그런 것만은 아니다. 죄와 범죄, 고통과 슬픔, 죽음과 불의가 제아무리 강력한 세상의 현실적

힘이라 할지라도(그런 힘들로 인해 예수님 자신이 희생자가 되었다), 강조점을 어디에 둘 것인지를 묻는 것은 여전히 정당하다.

초대교회의 지배적인 분위기는 분명 장례식 같지 않았다. 그것은 기쁨과 경축, 찬양과 웃음으로 특징지어졌다. 사도행전 2장이 보여주듯이, 그때의 분위기는 죽은 자를 위한 추모식이 아니라 오히려 향연이나 승리 축연 같았다. 성 금요일(Good Friday, 예수의 수난일) 다음에는 부활절과 오순절(성령강림절)이 이어진다. 심지어는 주님의 만찬도 그것을 기억하는 일이 침울함을 요구하는 듯한 만큼이나 실은 경축하는 연회 분위기였던 것처럼 여겨진다. 그것은 애찬love feast의 자리였고, 그리하여 함께 식사하는 동안 잔이 들려지고 빵이 나누어졌다. 그런 애찬이 고린도의 회중들에게 다소 정도를 벗어나서 행해졌기 때문에, 사도 바울은 그것의 남용에 대해 경고의 메시지를 보내야 했다. 그럼에도 불구하고, 연회는 여전히 애찬의 자리이자 승리를 축하하는 자리로 이해되는 것이 적절하다고 여겨진 듯하다.(고린도전서 11:20-22)

> 그리고 날마다 한 마음으로 성전에 열심히 모이고, 집집이 돌아가면서 빵을 떼며, 순전한 마음으로 기쁘게 음식을 먹고, 하나님을 찬양하였다. 그래서 그들은 모든 사람에게서 호감을 샀다.
>
> (사도행전 2:46-47)

예수님의 찢긴 몸과 흘린 피에 대한 기억은 그저 슬픈 일만은 아니었다. 초대교회의 회중들은 하나님이 스스로를 희생하신 은혜의 살과 피로서 그것을 기쁘게 받아들였다. 예수님이 받으신 굴욕에 대한 애도는 그의 자기를 비우는 겸손과 자기를 내어주는 사랑을 경축하는 것으로 승화되었다. 그의 죽음과 땅에 묻힘과 부활을 통하여 모든 것이 입증되고 승리가 이루어진 것이다. 전도서에 "울 때가 있고 웃을 때가 있으며, 슬퍼할 때가 있고 춤출 때가 있다"는 구절이 있다. 여기에서 최종적인 강조점이 주어지는 것은 웃음과 춤이다. 웃음과 춤이 울음과 슬픔 다음에 오기 때문이다.

웃을 수 있는 자유

초기 그리스정교 전통에도 이런 맥락에서 발전된 특별한 관습이 있었다. 부활절 다음 날, 성직자와 평신도들은 이야기나 농담을 나누기 위해 성소에 모였다. 그것이 부활을 통해 하나님이 사탄에게 행하신 그 위대한 농담을 찬양하는 가장 적합한 방식이었기 때문이다. 이와 유사한 관습이 슬라브족의 일부 시골 지역에서도 전해지는데, 그들은 부활절 다음 날 교회마당에 모여 민속춤을 추고 축제를 연다. 초대교회에서는 사탄을 잡기 위한 덫에 놓인 미끼로 예수님을 연출함으로써 그 "위대한 농담"을 유머러스하게 표현하였다.

부활절 직후의 그런 축제들이 시시하게 보일지 몰라도, 거기에는 매우 심오한 통찰이 녹아 있다. 하나님의 권능과 승리에 대한 새로운 믿음에서 오는 해방감을 반영하는 웃음과 즐거움보다 부활절 다음 날에 더 적합한 것이 무엇이겠는가? 성 금요일이 죄와 죽음과 슬픔을 상징한다면, 그것은 또한 사랑과 구원을 상징하기도 한다. 부활절은 삶의 회복과 소망의 갱신, 그리고 기쁨의 웃음을 가져온 구원의 상징이다.

독일의 철학자 니체는 기독교의 하나님을 폭군이며 억압자이고, 생명과 인간 정신의 적이며, 우리가 완전한 인간이 되고 완전한 자유를 성취할 수 있게 되려면 그 유혹의 거미줄을 깨트려야 하는 "거미"라고 비판했다. 그러나 니체의 비판은, 요한복음서에 나오는 예수님의 말씀에 비추어 보더라도 매우 이상한 것이다. "도둑은 다만 훔치고 죽이고 파괴하려고 오는 것뿐이다. 나는, 양들이 생명을 얻고 또 더 넘치게 얻게 하려고 왔다."(10:10) 초대 기독교인들은 자신들을 억압으로부터, 즉 죄와 두려움과 절망과 죽음의 억압으로부터 해방된 사람들이라고 생각했다. 그들은 해방되었다. 그들에게는 새로운 삶이 부여됐다. 그들은 새로운 영으로 말미암아 권능을 얻었다. 그 영과 자유와 생명의 충만함 속에서 그들은 "새 술에 취한" 사람들처럼 즐거워했다.(사도행전 2:13)

사실, 하나님에 대한 믿음과 신앙을 엄격한 교리와 융통성 없는 도덕규범으로 변질시킴으로써 삶을 생명 바깥으로 밀어내는 '흥을 깨는 사람들' killjoys과 같은 기독교인들도 있다. 마치 신앙과 믿음의 본질이 자신의 올바름에 대한 믿음과 자신의 의로움에 대한 신앙의 문제인 듯이 말이다. 또한 기독교를 우울한 얼굴과 엄격한 용모와 진지한 태도로 정의하거나, 기독교 정신을 경직된 성격과 남을 판단하는 태도와 호전적인 기질 등으로 동일시함으로써 초대교회에서와 같은 즐거운 분위기에 찬물을 끼얹는 기독교인들이 있음도 사실이다. 주님의 식탁은 장례식장 비슷한 것으로 바뀌었을 뿐만 아니라 토론장이나 배타적인 클럽 비슷한 것으로 변질되었다. 그리하여 복음의 좋은 소식은 니체가 그럴 것이라고 주장했던 나쁜 소식과 더 비슷해 보이게 되었다.

때때로 이 상황은 17세기의 퀘이커교도 로버트 바클레이Robert Barclay가 『기독교의 진정한 신성을 위한 변론』(1676)에서 주장했던 것을 떠올리게 한다. 그는 주장하기를, 최상의 진지함과 엄숙함과 절제와 하나님에 대한 두려움을 보여주지 않는 모든 일들을 기독교인들이 피해야 한다고 했다. "웃음, 스포츠, 게임, 조롱, 익살, 수다 등등은 기독교적인 자유도 아니며, 무해한 기쁨도 아니기 때문입니다."[1] 그런 식의 정의에 따른다면, 참으로 "거룩한" 기독교인은 신 레몬과 말린 자두 사이에 놓인 십자가 같은 존재가 되어야 할 것이다. 그러나 이것은 자기의 믿음과 소망의 대상이 하나님께 있고 자기 자신이나, 나아가 자신의 경건함과 의로움에조차도 있지 않은 사람들에게 임하는 "사랑과 기쁨과 평화와 오래 참음"의 정신에 대한 정확한 상이 결코 될 수 없다.

복음서에 언급된 기독교인의 자유로 인해 우리는, 절대적 진리를 깨닫고 선악에 대한 궁극의 앎을 얻어야 한다는 무거운 책임으로부터 자유로워졌다. 그러한 것들은 오직 하나님께 속하는 일이다. 우리는 우리의 죄지음에도 불구하고 용납될 뿐만 아니라 유한성과 오류가능성과 어리석음에도 불구하고 용납되는 것이다. 우리가 의롭게 되는 것은 (종교 개혁가들이 분명하게 지적했듯이) 우리가 행한 선한 일들로 인한 것도 아니고, (종교 개혁가들이 분명하게 지적하지 못한 것이지만) 올바른 믿음으로 인한 것도 아니며, 오직 하나님이 값없이 주시는 은혜의 선물로 인한 것이다. 만약 우리의 구원이 우리 자신의 정의로움에 의한 것이 아니라면, 그것은 또한 우리 자신의 올바름에 의한 것도 아닌 것이다. 하나님의 은혜 속에서 사는 사람들은 그들 자신과 그들의 환경, 그들의 도덕성과 의견, 그들의 경건과 신앙을 지나치게 심각하게 받아들여야 할 의무로부터 해방된다. 그들은 하나님의 자녀들로서 자유롭게 웃으며 즐긴다.

신앙과 유머의 관계는 매우 밀접한 것이다. 한편에는 우상숭배와 교만의 위험이 있다. 다른 한편에는 불신앙과 절망의 위험이 있다. 유머 없는 신앙은 광신적인 열광주의가 되고, 신앙 없는 유머는 냉소주의가 된다. 그러므로 최상의 종교적 체험과 표현은 신앙과 웃음 사이의 미묘한 균형 속에 존재한다.

희극적인 정신에 대한 금기는 교회의 역사에서 매우 뿌리 깊은 것이다. 390년 크리소스톰Chrysostom은 웃음과 쾌활함을 비판하는 설교를 했다. 그는 웃음과 유머를 이교주의에 가깝고 기독교인의 예법과 신앙에는 적절치 않은 것이라고 생각했다. "세상은 우리가 웃을 수 있는 극장이 아닙니다. 우리가 여기 모인 것은 웃음을 터트리기 위함이 아니라, 우리의 죄를 슬퍼하기 위해서입니다. 우리에게 놀 기회를 주는 자는 하나님이 아니라 마귀입니다."[2]

그러나 이런 입장은 성서보다 이교주의로부터 더 지지받는 것일 위험성이 있다. 회개가 비록 중요한 것이지만, 우리의 구원은 많이 우는 것에 달려있지 않다. 그것은 참회의 행위로 말미암아 우리가 구원받는 것이 아님과 마찬가지다. 값없이 주어지는 하나님의 구원을 적절히 표현하는 것은 울음이 아니라 웃음이다. 백보 양보해도, 울음은 웃음으로 승화되는 것이다. 크리소스톰의 말을 뒤집어 말하자면, 우리에게 놀 기회를 주는 자는 마귀가 아니라 하나님이다. 가장 완전하고 가장 자유로운 웃음과 가벼운 마음은 이교적인 어떤 것이 아니라 하나님 은혜의 선물이다.

물론 죄를 고백하고 회개하며 울부짖는 시편들도 있다. "하나님, 주님의 한결같은 사랑으로 내게 자비를 베풀어 주십시오."(51:1) 그리고 불행과 질병과 고통으로 탄식하며 울부짖는 시편들도 있다. "나의 하나님, 나의 하나님, 어찌하여 나를 버리십니까?"(22:1)

이런 표현들은 전도서에서 언급한 "울 때"와 "슬퍼할 때"의 중요한 사례들이다.

그러나 대다수의 시편들은 엄숙하고 심각한 것으로 분류될 수 없다. 사실, 시psalm라는 말은 찬양과 거의 동의어이다. "내가 주님을 늘 찬양할 것이니, 주님을 찬양하는 노랫소리, 내 입에서 그치지 않을 것이다. … 주님을 우러러보아라. 네 얼굴에 기쁨이 넘치고 너는 수치를 당하지 않을 것이다."(34:1, 5) 시편에는 온갖 종류의 인간 감정이 표현된다. 그중에서도 근본적인 분위기는 기쁨과 감사와 경축이다. "주님을 찬양하는 자는 복되도다!" 이것이 성가의 첫 구절이자 마지막 구절이고, 성서가 전하고자 하는 바의 알파와 오메가이다. 기쁨과 감사와 경축은 성서의 첫 번째 책과 마지막 책의 정서이기도 하다. 창세기는 창조주에 대한 찬양의 노래로 시작하고, 요한계시록은 새 하늘과 새 땅에 대한 소망의 비전으로 마무리된다. 그 사이에 다소 어두운 분위기와 표현들이 자리하고 있다. 그러나 그것들은 부차적인 것이지 일차적인 것은 아니다.

희극적인 괄호

그와 비슷하게 복음서에서도 예수님의 사역은 경축으로 시작해서 경축으로 끝난다. 예수님의 사역이 설교나 치유, 혹은 바리새인들과의 신학 논쟁이 아니라 결혼 잔치로 시작된다는 것은 매우 주목할 만한 일이다. 우리는 예수님의 사역이 근엄하고 진지한 목적으로 시작되었을 것이라고 기대하고, 제자들이 그에 대한 언급을 빠트렸다고 생각할지도 모른다. 그러나 요한복음은 예수님의 첫 번째 사역이 갖는 특별한 의미에 대해 언급하고 있다. 예수님이 첫 번째 사역에 나선 것은 그가 광야에서의 시험을 거치고 세례 요한으로부터 세례를 받으신 후였다. 그가 곧 메시아이시고 하나님의 어린양이라는 세례자 요한의 선포 직후에 시작되었던 예수님의 첫 번째 사역은 무엇이었나? 예수님은 갈릴리의 가나에서 있었던 어느 결혼 잔치에 참석하셔서 일주일간을 마치 휴가처럼 보내신다(그 당시에 결혼 잔치는 일주일동안 진행되었다). 우리는 예수님이 설교하거나 가르치거나 교화하기 위해서 그 결혼 잔치에 참석하셨다는 어떠한 암시도 받을 수 없다. 그는 단순히 함께 축하하기 위해 그곳에 가셨다. 더욱이 예수님은 "물 두세 동이들이" 크기의 여섯 항아리의 물을 포도주로 만듦으로써 잔치의 분위기를 최고조로 몰고 가셨다. 그 포도주는 그 잔치에서 가장 좋은 포도주였다고 언급된다.(요한복음서 2:6)

이 첫 번째 기적에 대한 사람들의 첫 반응은(특히 그 포도주를 다시 물로 바꾸려는 수세기에 걸친 경건한 노력들이 있은 다음에), "이분은 어떤 메시아인가? 이것이 열두 살의 그분이 말했던 '아버지의 일' 인가?" 라고 묻는 것이다. 감옥에 갇힌 세례 요한이 후일 예수님에 대한 자신의 위대한 선포를 다시 생각하게 만든 것 또한 예수님이 세리들과 죄인들과 함께 먹고 마신다는 끊임없는 소문과 함께, 아마도 이런 당혹스러운 시작 때문이었을 것이다. 요한은 그의 제자들을 보내 이렇게 묻지 않았던가? "오실 그분이 당신이십니까? 그렇지 않으면, 우리가 다른 분을 기다려야 합니까?"(마태복음서 11:3)

예수님의 대답 속에는 중요한 대조가 하나 숨어 있다. 예수님은 이렇게 말씀하셨다. "요한이 와서, 먹지도 않고 마시지도 않았다. 그러니까 사람들이 말하기를 '그는 귀신이 들렸다' 하고, 인자는 와서, 먹기도 하고 마시기도 하니, 그들이 말하기를 '보아라, 저 사람은 마구 먹어대는 자요, 포도주를 마시는 자요, 세리와 죄인의 친구다' 한다."(마태복음서 11:18-19) 물론 예수님은 탐식가도 아니었고 주정뱅이도 아니었다. 요한의 삶은 광야에 살면서 낙타털 옷을 입고 메뚜기와 야생 꿀을 먹으며 심판과 회개를 설교하는 엄격함과 극기의 삶이었다. 그에 반해 예수님은 광야를 떠나서 팔레스타인의 도시와 마을로 가고, 세리들과 죄인들과 함께 먹고 마시며, 평판이 나쁜 여성들의 친구가 되고, 다른 사람을 쉽게 판단해서 돌을 던지는 자들에게 도전하며, 하나님의 용서하시는 사랑과 구원하시는 은총의 메시지를 설교하였다.

요한의 제자들이 다시 예수님에게 와서 이렇게 물은 것도 놀랄 일은 아니다. "우리와 바리새파 사람들은 자주 금식을 하는데, 왜 선생님의 제자들은 금식을 하지 않습니까?" 이 질문에 대해 예수님은 이렇게 답한다. "혼인 잔치의 손님들이 신랑이 자기들과 함께 있는 동안에 슬퍼할 수 있느냐?"(마태복음서 9:15) 세례 요한이 새 시대를 위한 준비로서 옛 시대의 죽음을 상징한다면, 예수님은 모두가 "생명을 얻고 또 더 넘치게 얻을" 수 있는 새 시대의 도래를 상징하는 것이다.(요한복음서 10:10) 그러나 기묘하게도 교회는 세례 요한의 이미지 속에 예수님을 끼워 맞추려는 경향을 가지고 있다! 기독교인들은 종종 예수님이 아닌 요한의 제자들처럼 행동하는데 더 익숙해져 있다.

기독교 미술사에 나타나는 예수님의 이미지는 대개 진지하고, 우울하고, 고통 받는 것이다. 때때로 아이들에게 둘러싸인 부드럽고, 온화하고, 친근한 예수님이나 그의 품 안에 어린양을 부드럽게 안고 계시는 목자 예수님의 이미지도 있다. 물론 아기 예수의 초상이나 그의 탄생과 어린 유년기의 장면들로 이루어진 이미지들도 무수히 많다. 그렇다 하더라도, 그 중심적인 이미지는 십자가에 달리신 예수님이었다. 그것은 절망의 체념에서부터 고문의 고통에 이르기까지 다양하게 표현되었다. 울음과 애도의 측면에서 그와 같은 이미지가 갖는 동일시의 효과는 매우 강렬하여 거의 압도적일 정도이다. 죽음과 패배와 절망에 대한 단순한 묘사를 넘어선다는 점에서 그런 이미지는 신적인 장엄함과 메시아적인 책임의 장중한 느낌을 생생하게 전달해준다.

슬픔의 길Via Dolorosa을 걸으시면서 "나의 하나님, 나의 하나님, 당신은 왜 날 버리시나이까?"라고 부르짖는 십자가의 예수님은 기독교적 감수성과 상상력의 중심에 확고하게 자리 잡고 있다. 그러나 이런 이미지는 예수님의 첫 말씀도 표현할 수 없고 마지막 말씀도 표현할 수 없다. 예수님의 사역은 가나 결혼 잔치의 축제 분위기와 함께 시작해서 부활절과 부활절 이후 사건들의 축제 분위기와 더불어 끝난다. 보다 폭넓은 관점에서 보면, 그것은 마리아에게 수태를 알리는 기쁜 소식과 예수님의 탄생을 전하는 천사들의 할렐루야로 시작해서, 승천과 오순절 교회의 탄생으로 마무리된다.

바로 이것이 예수님의 사역이 이루어지는 거대한 괄호이다. 그 괄호 속에 낙담, 거부, 갈등, 슬픔, 고통, 죽음이 있다. 그 사이에 겟세마네와 골고다가 있다. 그러나 모든 것에 우선하는 맥락은 경축과 기쁨의 맥락, 생명과 사랑과 웃음의 맥락이다. 아마도 예수님은 세상의 죄로 말미암아 죽임을 당한 희생양일 것이다. 그러나 누가 희생을 하고 있고 누가 잔치를 베풀고 있는가를 아는 것이 중요하다. 가장 중요한 시작과 끝의 말들은 죽음이 아니라 생명에, 슬픔이 아니라 기쁨에, 울음이 아니라 웃음에 속한다.

이것은 또한 우리가 그 안에서 살도록 부름 받은 괄호이기도 하다. 기독교인의 삶은 성 금요일과 십자가의 맥락이 아니라, 부활절과 오순절의 맥락 속에서 영위되는 것이다. 우리의 삶이 비극과 슬품에 빠지기 쉬울지라도, 우리는 의심과 낙담과 절망이 아니라 신앙과 소망과 믿음의 시간 속에서 살아간다. 우리는 교회의 애찬과 그리스도 신부의 결혼 잔치의 시간 속에서 살아간다. 설령 우리의 삶이 다른 사람들이나 예수님 자신보다 더 힘들고 고단할지라도(울고 슬퍼할 때가 있는 것은 그 때문이다), 거기에는 또한 웃을 때와 춤출 때가 있다. 최종적인 표현은 춤과 웃음에 속한다. "죽음을 삼키고서, 승리를 얻었다."(고린도전서 15:54)

알더스 헉슬리Aldous Huxley의 초기 소설들 중의 하나에는, 로마 가톨릭으로 개종하자마자 갑자기 살이 찌고 십자가에 대한 유머러스한 시를 짓기 시작하는 인물이 등장한다. 교회가 이러한 것들을 바람직한 회심의 증거로 받아들일 수 있느냐의 여부를 떠나서, 우리는 그 속에서 해방감과 경축의 분위기를 느낄 수 있다.

미래를 지배하는 처형대

바울은 "십자가의 어리석음"뿐만 아니라, 십자가에 대해 설교하는 일의 어리석음에 대해서도 말하고 있다. 예수님의 죽음을, 유대와 로마의 평화를 위협하는 골치 아픈 선동가를 제거한 것이라고 말하는 것은 유대인들과 이방인들에게 공히 어리석은 주장으로 비쳤을 것이다. 집도 없고, 직업도 없으며, 힘도 없고, 정치적인 야심과 경제적이거나 군사적인 기반도 없는 자가, 가이사의 집은 차치하더라도, 헤롯의 집에 심각한 위협이었다는 생각은 상식을 벗어난 것이었다. 그 백성들에 의해 선택되어 바라바 대신 십자가형을 당하고 가장 가까운 추종자들로부터도 버림받은 이 순회 설교자가 인간 역사에서 가장 큰 중요성을 갖는다는 주장은 분명 완전한 궤변으로 생각되었을 것이다. ("유대 사람에게는 거리낌이고, 이방 사람에게는 어리석은 일입니다." 고린도전서 1:23)

예수님이 골고다 언덕 위에서 죽임을 당한 그 날로 모든 문제가 끝이 나고 그의 목소리는 더 이상 들리지 않을 것이며 그의 영향력도 사라질 것이라고 사람들이 생각했음은 의문의 여지가 없다. 심지어 그의 제자들조차 고기잡이 그물이 있는 곳으로 돌아갔다. 그러나 끊임없이 늘어나는 신자들에게 패배가 아니라 승리의, 절망이 아니라 희망의, 증오가 아니라 사랑의 상징이 되었던 것은 바로 이 십자가와 그 굴욕이었다. 하나님의 약함은 인간의 강함보다 더 강함을 증명했다. 증명된 바와 같이, 역사적으로 강력한 힘이 된 것은 대제사장이나 헤롯이나 빌라도가 아니라 십자가에 달리신 그리스도였다. 제임스 러셀 로웰James Russell Lowell의 시에 곡을 붙인 「어느 민족 누구에게나」(통합찬송가 521장—역주)라는 찬송가에 이런 구절이 있다.

악의 원천이 번성해도,

진리만은 굳건하리라,

진리의 운명이 십자가에 못 박히고,

옥좌에 오르지 못할지라도,

그 처형대가 미래를 지배하리라…

19세기 덴마크의 철학자 키르케고르는 기독교의 가르침을 또 다른 용어로 설명했다. 그는 그것을 "부조리"Absurd라고 불렀다. 그가 이 말을 통해 기독교의 가르침을 부정한 것은 아니었다. 오히려 그 용어가 인간 이성의 손쉬운 접근을 넘어서는 종교적 진리를 잘 표현해준다고 주장한 것이었다. 관습적인 지혜로는 그런 부조리한 종교적 진리를 제대로 이해할 수 없다. 육체 안에 현존하시는 하나님의 부조리성absurdity, 즉 유한 속의 무한과 승리하는 희생자라는 모순은 당대의 율법 학자들과 논쟁자들의 영리함을 무력화한다.

그러나 부조리에는 비극적인 것과 희극적인 것이 존재한다. 비극적 부조리는 파괴적인 결과를 이끈다. 소포클레스의 오이디푸스 왕이 운명의 이상한 꼬임과 불행한 우연의 일치들로 인해 부지중에 그의 아버지를 죽이고 그의 어머니와 결혼하는 것은 부조리하다. 그런 비극적 부조리는 주인공의 행복한 세계를 파괴하고, 그를 맹목과 절망 속으로 몰아넣는다. 오이디푸스 왕이 자신의 부조리한 운명에 고귀한 태도로 굴복하는 것에서 우리가 감동을 받고 위안을 얻는다 할지라도(이른바 비극의 카타르시스), 이런 부조리로부터의 회복이나 구원은 결코 존재하지 않는다. 그 소식은 파괴적이다.

반면 희극적 부조리는 건설적인 결과를 이끈다. 촌철살인의 농담에서 볼 수 있는 갑작스런 부조리에서처럼, 희극적 부조리는 웃음과 즐거움에서 가장 직접적으로 발생한다. 좀더 포괄적으로 말하자면, 희극적 부조리는 매우 개연성이 없고, 거의 불가능하며, 뜻밖의 놀라움을 주는 두 대립물이 동시에 등장함으로써 발생한다. 그러나 이러한 동시 등장은 죽음과 파괴에서 절정을 이루는 대립물의 비극적인 붕괴가 아니다. 오히려 그것은 두 대립물이 각자의 방식으로 행복한 결말을 향해 함께 나아가는 것이다. 이전에는 불화했거나 짝 없이 홀로였던 세력들이 조화를 이룬다. 혼돈스러운 상황은 질서를 되찾는다. 깨어진 것들이 회복된다. 희극적 부조리는 따라서 구속적redemptive이다. 그것은 화해와 통일과 총체성과 경축 속에서 표출된다.

이 같은 어법으로 말하자면, 기독교의 메시지는 희극적 부조리로부터 시작된다고 할 수 있다. 즉 신적인 것과 인간적인 것의 연결, 말구유에서 태어난 왕의 아들의 병치, 유대인 목동들과 이방인 현자들의 동시 방문 등등. 그러나 이야기가 전개됨에 따라 그것은 비극적인 결말을 향해 움직이는 것처럼 보인다. 권력과 세속적인 이익을 멀리하신 예수님은 갈등하는 세력들, 즉 유대인과 이방인,

제국주의자와 민족주의자, 그리고 주도권을 놓고 경쟁하는 종파들 사이에 놓이셨다. 흔히 그렇듯이, 대립하는 양쪽과 거리를 두고 둘 사이를 중재하려는 자는 양쪽 모두의 공격 대상이 되고 만다. 예수님은, 세상의 왕국들을 멀리했음에도 불구하고, 갈등하는 왕국들 사이에서 파멸한다.

그러나 부활절과 더불어 이야기는 비극적 부조리에서 희극적 부조리로 급격히 선회한다. 희생자는 승리한다. "죽음아, 너의 승리가 어디에 있느냐? 죽음아, 너의 독침이 어디에 있느냐?"(고린도전서 15:55) 좋은Good 금요일이라고 일컫는 것이 실로 적절할 정도로 분위기는 급변한다. 극적인 장면 전환이 이루어진다. 이야기는 소외가 아니라 해결로, 울음이 아니라 웃음으로, 애도가 아니라 춤으로 귀결된다. 노스롭 프라이Northrop Frye는 이렇게 말한다. "비극이란, 단테가 희극이라 이름 붙인 구속과 부활의 큰 구도 속에 삽입된 에피소드에 불과하다."[3]

봄 의식들Spring Rites

비극과 희극에는 보다 흥미로운 유사성이 있다. 20세기 초 프랜시스 콘포드Francis Cornford는 비극과 희극의 기원이 모두 고대 그리스의 봄 의식들에서 찾아볼 수 있다는 명제를 발전시켰다.[4] 봄 의식의 첫 번째 의례는 낡은 해와 왕이 죽고 그리하여 혼돈과 불모의 시기가 되돌아왔음을 묘사하는 것이다. 콘포드는 이 의례로부터 그리스 비극의 일부 주제들이 연원했다고 주장했다. 비극적인 행위는 겨울에 속한다. 생명과 삶의 투쟁은 결국 갈등과 죽음과 무질서로 귀결된다.

그러나 봄 의식의 두 번째 의례는 정반대 방향으로 진행된다. 새 생명이 움터 나오기 시작한다. 죽은 왕은 부활하거나 젊은 왕으로 대체된다. 새로운 즉위식과 갱신된 충성서약으로 새 왕국과 새 질서가 형성된다. 왕의 결혼, 축제 행렬과 결혼 축연, 그리고 지속적인 삶의 풍요로움을 보장해주는 부부간의 결합이 이루어진다. 콘포드는 이 두 번째 의례로부터 그리스 희극이 등장했다고 주장한다. 희극은 봄에 속한다. 희극에서는 고통과 죽음이 생명과 갱신으로 귀결된다. 희극적 행위는 행진과 결혼식과 축연에서 절정을 이룬다.

기독교의 성聖주간 드라마 역시 처음에는 비극적인 방향으로 움직이는 유사한 패턴을 따른다. 종려주일, 예수님은 다윗 계보의 왕으로 추대되었다가, 조롱받는 왕으로 십자가에 못 박힌다. 그에게 왕의 자주색 옷이 입혀지고, 가시관이 씌워졌으며, 머리 위에는 "유대인들의 왕"이라는 팻말이 걸렸다. 군중은 그를 바보의 왕이라고 조롱한다. 그의 제자들조차 그를 부인하거나 그저 먼발치에서 그를 따를 뿐이다. 그가 십자가 위에서 고통을 받으며 천천히 죽어가는 동안 불길한 어둠이 온 천지에 드리운다. 그는 낯선 자의 묘에 묻히고 제자들은 낙담과 환멸 속에서 뿔뿔이 흩어진다. 믿음과 소망과 사랑이 증오와 불신과 독재의 세력들에 의해 완전히 정복당한 듯하다. 그래서 이야기는 더욱 철저한 비극처럼 보인다.

그러나 비극적인 행위는 마지막 막이나 최후의 장면으로 주어진 것은 아니다. 봄 의식들의 제의적인 드라마에서처럼, 그 같은 하강은 또 다른 상승으로 이어진다. 죽음 후에 부활이 오고 믿음과 소망의 갱신이 이루어진다. 겨자씨처럼 작은 하나님 왕국의 씨앗은 새로운 생명을 잉태하기 위해 땅에 떨어져 죽어야 한다. 각기 흩어져버린 제자들의 그 잿더미로부터 새로이 탄생한 교회는 이제 스스로를 그리스도의 신부로서 인식한다. 교회의 초라한 시작은 새로운 왕국과 새로운 질서의 발단이 된다. 최후의 만찬은, 겟세마네와 골고다에 대한 어두운 전조로서 비극적으로만 해석되지 않고, "하늘이 내려준 생명의 빵"에 대한 경축으로서 희극적으로도 해석된다. 찢긴 몸과 흘린 피는 죽음을 표현함이 분명하지만, 그것은 또한 생명을 의미하기도 한다. "이 빵을 먹는 사람은 누구나 영원히 살 것이다. 내가 줄 빵은 나의 살이다. 그것은 세상에 생명을 준다."(요한복음서 6:51)

그리하여, 역설적으로 보일지 몰라도, 초대교회는 그리스도의 상한 몸과 흘린 피에 대한 기념을 장례식이나 전사자에 대한 추모식의 분위기로 행하지 않았다. 오히려 그것은 감사하고 경축하는 분위기에 가까웠다. 결국 우리는 월리 사이퍼Wylie Sypher가 썼듯이, "갈등과 죽음과 부활의 드라마, 다시 말해 겟세마네와 갈보리와 부활절의 드라마가 사실상 비극이 아닌 희극에 속하는 것"이 아닌지 물어야 하는 것이다.

그러나 이것은 희극적인 분위기가 단지 행복한 결말을 경축하는 것임을 의미하지는 않는다. 희극적 정신은 만사가 잘 되게 된 것에 전적으로 좌우되는 것이 아니다. 기쁨에 찬 전망에서만 그 긍정의 회복력이 이끌어내지는 것도 아니다. 성서와 희극의 연관성에 주목했던 대부분의 해석자들은 그런 실수를 저질렀다.

만약 희극이 승리와 사랑과 화해로 이루어지는 마지막 장면에 의해 주로 정의된다면, 희극과 로망스(서양 중세의 기사도 문학—역주)와 민담 사이에는 뚜렷한 차이가 없을 것이다. 무시무시한 적을 상대로 싸우는 로망스의 영웅은 사랑과 전쟁에서 모두 승리한다. 민담에서는 사악한 마녀에 의해 개구리로 변한 왕자가 처녀의 키스로 마법에서 풀려나고, 그들은 결혼해서 그 후로 계속 행복하게 산다.

설령 많은 희극들이 그와 비슷한 결말로 마무리된다 할지라도, 그 정신은 동일하지 않다. 로망스나 민담이 암시하는 것은 "그 후로도 항상 행복하게" 살 수 있는 특정한 조건에서만 행복할 수 있다는 것이다. 로망스나 민담의 주인공들은 이상적이지 않은 환경에서는 행복하게 살 수 없다. 거기에는 매우 힘든 환경 속에서 살아갈 방법에 대해서는 아무것도 제시되지 않는다. 그에 반해 희극의 독특성은 직면한 환경의 좋고 나쁨에 상관없이 삶을 살아가는 방법이 제시된다는 점에 있다. 희극의 주인공들은 고귀한 삶뿐만 아니라 비천한 삶에 대해서도 잘 대처할 수 있는 것이다. 대개 그들은 커다란 융통성을 가지고 있으며 절대적인 심각함에 사로잡히지 않는다. 그들이 표상하는 것은, 쾌활함과 가벼운 마음과 웃음을 삶 전반에 도입하고자 하는 정신이다. 따라서 그들은 잠시 침체될 수는 있지만 결코 절망하지 않는 정신의 탄력성을 보여준다. 그들은 모든 것이 장미처럼 성공적일 때뿐만이 아니라, 민들레처럼 보잘것없거나 심지어는 아무런 성취가 없을 때조차도 삶을 경축할 수 있다.

모든 일에 감사하라

기독교 정신과 희극이 추구하는 정신의 공통점은 부활절 마지막 날의 백합들 속에 있을 뿐만 아니라 바로 이곳 어둠과 고난의 한복판 속에도 존재한다. 때때로 사도 바울은 부활을 길게 찬양하고 또 그것을 이론화한다. 고린도전서 15장에서 보는 바와 같이 말이다. 그러나 바울이 그렇게 한 것은 네로 치하의 로마 제국이라는 암울한 현실 세계 한복판에서였지, "너는 오늘 나와 함께 낙원에 있을 것이다"(누가복음서 23:43)라는 말씀을 들은 자로서 그런 것이 아니다. 더욱이 바울은 회심한 이래 단 한 번도 좋은 환경에 처한 적이 없었다. 실상 그는 언제나 심각한 역경에 처해 있었다.

> 유대 사람들에게서 마흔에서 하나를 뺀 매를 맞은 것이 다섯 번이요, 채찍으로 맞은 것이 세 번이요, 돌로 맞은 것이 한 번이요, 파선을 당한 것이 세 번이요, 밤낮 꼬박 하루를 망망한 바다를 떠다녔습니다. 자주 여행하는 동안에는, 강물의 위험과 강도의 위험과 동족의 위험과 이방 사람의 위험과 도시의 위험과 광야의 위험과 바다의 위험과 거짓 형제의 위험을 당하였습니다. 수고와 고역에 시달리고, 여러 번 밤을 지새우고, 주리고, 목마르고, 여러 번 굶고, 추위에 떨고, 헐벗었습니다.
>
> (고린도후서 11:24-27)

여기에서 바울이 묘사하는 것들은 천국도 아니고 황홀경도 아니며, 심지어 교회의 소풍조차도 아니다. 우리는 바울이 그 고난들로 인해 다마스쿠스에서의 회심을 후회할 것이라고 기대할지도 모른다. 우리는 이런 고통의 목록들이 바울로 하여금 불의에 대해 절규하게 하고 천국에 대해 한스러운 불평을 늘어놓게 만들 것이라고 기대할 것이다. 그러나 아니었다. 그의 반응은 놀라울 정도로 긍정적이고 평온했다. "나는 그리스도를 위하여 병약함과 모욕과 궁핍과 박해와 곤란을 겪는 것을 기뻐합니다. 내가 약할 그 때에,

오히려 내가 강하기 때문입니다."(고린도후서 12:10) 그는 빌립보서에서 이렇게 썼다. "나는 어떤 처지에서도 스스로 만족하는 법을 배웠습니다. 나는 비천하게 살줄도 알고, 풍족하게 살줄도 압니다. 배부르거나, 굶주리거나, 풍족하거나, 궁핍하거나, 그 어떤 경우에도 적응할 수 있는 비결을 배웠습니다. 나에게 능력을 주시는 분 안에서, 나는 모든 것을 할 수 있습니다."(빌립보서 4:11-13)

수많은 희극에서처럼, 시험에 드는 것은 연회 식탁이 진수성찬으로 가득 차거나 결혼식이 이루어지거나 승리가 성취될 때 그것을 경축하는 능력이 아니다. 그런 식의 경축은 너무 쉽기 때문에 특별한 용기나 격려가 필요하지 않다. 문제가 되는 것은 하늘이 푸르지 않고 운명이 우리에게 미소 짓지 않을 때에도 삶을 찬양할 수 있느냐 하는 것이다. 희극이 주로 다루는 소재는 우리 삶의 대부분을 이루는 것들, 즉 우리를 불쾌하고 분노하고 눈물짓고 머리카락 빠지게 만드는 하루하루의 문제들과 긴장과 걱정과 실수와 갈등과 실패와 괴로움이다. 그러나 희극적 관점에서 볼 때, 이런 것들은 우리가 한발 물러서서 웃을 수 있는 것들이다. 우리는 삶의 힘들고 거친 측면에도 불구하고, 심지어 어느 정도는 바로 그것 때문에, 우리에게 주어진 삶을 찬양한다. 희극적 기도가 있다면, 그것은 아마도 이런 것이 아닐까? "오 하나님, 우리가 비록 에덴동산에서 살고 있지 않을지라도, 우리는 그럼에도 불구하고 여기에 있는 것을 여전히 기뻐합니다."

이런 점에서 볼 때, 성^聖주간의 승리하는 결말이나 새 예루살렘과 새 하늘 새 땅이라는 종말론적 결말만이 희극적인 것은 아니다. 매 순간이 희극적 괄호 속에 포함되어 있는 것이며 희극적 정신으로 살아가야 하는 것이다. 바울은 데살로니가 교회를 향해 항상 기뻐하고, 모든 일에 감사하라고 권고한다.(데살로니가전서 5:16, 18) 좋은 것만 축복하고 나쁜 것은 저주하며, 좋을 때만 감사하고 그렇지 않을 때는 불평하라고 권고하는 세상적인 지혜에서 보면, 그런 권고는 어리석은 것이다. 그러나 바울의 권고에는 꿋꿋하고 완강한 데가 있다. 에베소 교회에 보낸 편지에서도 바울은 비슷한 이야기를 하고 있다. "모든 일에 언제나 우리 주 예수 그리스도의 이름으로 하나님 아버지께 감사를 드리십시오."(에베소서 5:20) 결말이 아무리 영광스럽다 할지라도 결국 우리에게 주어지고 우리가 살아가야 할 순간은 바로 지금, 현재의 순간이다. 우리에게 당면한 문제는 그 환경이 어떻고 결과가 어떻든 간에 지금 이 순간을 어떤 정신으로 살 것인가 하는 것이다.

    이런 관점에서 볼 때 욥과 같은 인물은 존경받을 만하다. 모든 것을 잃은 욥이 결과적으로 "이전에 가졌던 것보다 배나"(욥기 42:10) 되는 것을 다시 얻었기 때문이 아니다. 모든 것을 잃은 후에 그는 이렇게 말했다. "주신 분도 주님이시고 가져가신 분도 주님이시니 주님의 이름을 찬양할 뿐입니다."(1:21) 어떤 사람들은 (욥이 잃은 것의 정확히 두 배를) "주님께서 욥의 말년에 이전보다 더 많은 복을 주셔서, 욥이, 양을 만 사천 마리, 낙타를 육천 마리, 소를 천 마리, 나귀를 천 마리나 거느리게 하셨기"(42:12) 때문에 욥기를 희극으로 분류한다.[7] 그러나 욥의 정신을 보여주는 진정한 시금석은 그 잃음 속에 있다. 그의 아내가 "하나님을 저주하고 죽는 것이 낫겠습니다"라고 말하자 욥은 이렇게 대답한다. "우리가 누리는 복도 하나님께로부터 받았는데, 어찌 재앙이라고 해서 못 받는다 하겠소?"(2:9-10)

채플린의 초기 작품의 하나인 〈떠돌이The Tramp〉는 전통적인 희극의 결말과 매우 상반되는 듯한 결말로 끝이 난다. 영화는 직업도 없고, 친구도 없으며, 집도 없는 어느 떠돌이가 풀풀 먼지 날리는 길을 걸어 내려가는 장면으로 시작한다. 그는 어느 농부의 딸이 마을로 물건을 사러가다가 건달들에게 붙잡혀 있는 것을 우연히 발견하게 된다. 그는 기막힌 속임수와 행운으로 "곤경에 처한 처녀"를 구해낸다. 그녀는 고마움에 대한 표시로 그를 자기 집으로 데리고 가서 자기 아버지에게 소개한다. 그녀의 아버지는 답례로 그를 저녁식사에 초대하고 그에게 일자리를 준다. 그는 농장 일꾼으로 새로운 삶을 시작하고 그녀와 사랑에 빠지게 된다. 그러나 그녀의 말쑥한 남자친구가 도시에서 차를 몰고 오는 순간, 그녀는 찰리를 완전히 잊어버린다. 찰리는 그들이 서로 껴안고 있는 장면을 목격한다. 그는 그녀가 자신에게 보여주었던 애정이 그저 단순한 감사의 표현이자 친절함뿐이었다는 것을 깨닫는다. 실의에 젖은 그는 이별의 편지를 쓴다. 터벅터벅 슬픈 모습으로 떠나가는 그에게 그 도시 멋쟁이가 돈을 몇 푼 건네지만 그는 거절한다. 고개를 떨어트리고 어깨를 구부정하게 숙인 그가 처음 자신이 등장했던 먼지 나는 길을 천천히 걸어 내려간다. 다시 그는 직업도 없고, 친구도 없으며, 집도 없는 신세가 되었다.

그러나 마지막 장면에서 반전이 일어난다. 그는 갑자기 몸을 곧추세우고 펄쩍 펄쩍 뛰기 시작한다. 실의를 완전히 떨쳐 버린 그는 활달한 걸음걸이로 힘차게 걸어간다. 그는 실패나 낙담이 승리하도록 내버려 두지 않는다. 스스로를 일으켜 세우고, 먼지를 털어낸 다음, 자신의 평정과 자유와 활기찬 표정을 회복한다. 이것이 희극의 승리이다. 그 방랑자는 어떤 상황일지라도 만족하기로 결심한다.

범선에 관한 엘라 휠러 윌콕스Ella Wheeler Wilcox의 시에는 그러한 정신이 매우 잘 표현되어 있다.

> 똑같이 불어오는 바람 속에서
> 한 척은 동쪽으로, 다른 한 척은 서쪽으로 나아가네.
> 배가 가야할 길 가리키는 건
> 돛의 방향이지
> 바람의 방향 아니네.

인생의 항로에서

운명은 이처럼 불어오는 바람과 같나니

우리가 가야할 길 가리키는 건

오직 영혼의 돛대일 뿐,

잔잔한 날씨도 폭풍우도 아니네.

「운명의 바람」 "The Winds of Fate"

하나님의 선민 콘테스트

군중들의 환호는 당혹스러워하는 중얼거림으로 변한다. 거대한 집회가 한 순간에 깊은 침묵으로 뒤덮인다. 하나님은 맨 뒤편에서 행진하던 죄인들, 아이들, 남자들과 여자들, 젊은이와 노인들의 사슬을 하나씩 풀기 시작한다. 그리고 이렇게 말씀하신다. "이들이 나의 백성들이다. 이들이 하나님의 백성들이다."

아브라함 링컨에 관한 유명한 일화들 중에 여덟 살 난 어느 소녀가 편지로 그에게 턱 수염을 기르라고 조언했다는 이야기가 있다. 그녀는 편지에서 턱수염이 링컨의 못생긴 얼굴을 가려주기 때문에 대통령에 당선될 가능성이 더 커질 것이라고 썼다. 대다수의 유력 인사들은 이런 편지를 그냥 무시해버렸을 것이다. 그러나 링컨은 소녀에게 답장을 보내 그런 조언을 해준 것에 대한 감사의 마음을 전했다. 뿐만 아니라 그는 소녀가 사는 지역으로 선거운동을 가게 되면 직접 만나서 고맙다는 인사를 하고 싶다는 내용도 덧붙였다.

이 이야기는 1970년대에 〈대통령의 구레나룻〉이라는 제목의 텔레비전 코미디에서 새롭게 다루어졌다. 그 코미디는 사건을 너무 미화하기는 했지만, 그 이야기의 정신을 충실하게 반영했다. 보는 사람들을 미소 짓게 만드는 그 일화 자체의 희극성 뿐만 아니라 링컨을 위대하게 만든 한 요소인 그의 고결한 유머감각까지 잘 포착해 내었던 것이다. 자신의 사회적 신분만을 생각하는 사람들은 어린 소녀의 조언을 받아들이지 않을 뿐만 아니라 심지어 그 편지를 개인적인 모욕이라고 생각할지도 모른다. 그러나 링컨은 아량과 탁월한 유머감각으로 그 조언을 받아들였다.

그 이야기는 성서에서 찾아 볼 수 있는 고결한 유머와 수준 높은 희극이 어떤 것인지를 잘 보여준다. 그 텔레비전 판에서는 링컨이 보낸 편지가 소녀의 아버지가 지역 공화당원으로 있는 그 마을에서 커다란 소동을 불러일으킨다. 편지의 내용을 알게 된 지역 공화당 관료들은 링컨의 방문에 대한 기대로 자기들만의 황홀경에 빠진다. 그들은 정치적인 명성을 얻고, 링컨의 특별한 총애를 받으며, 워싱턴에 입성하고, 심지어 각료 자리를 얻는 꿈까지 꾼다. 그들은 각종 소개글을 준비하고, 연설문을 쓰고, 악단을 연습시킨다.

링컨의 선거운동 열차가 그 마을을 지나가기로 예정된 날, 마을 주민들은 모두 역으로 나왔다. 공화당 지도자들, 실크 모자를 쓴 지역 관료들, 화려하게 행진하는 악단, 자기의 가장 좋은 옷을 입고 나온 신사 숙녀들과 학생들이 모여 있었다. 링컨이 답장을 보냈던 그 소녀만을 제외하고 거의 모든 사람들이 나와 있었다. 소녀는 흑인 하녀와 그 하녀의 딸과 함께 집에 남아 있었다. 물론 링컨은 어린 소녀들의 주목보다는 정치가들과 그들의 연설, 투표자들과 그들의 표에 더 관심이 있었을지도 모른다.

그러나 선거운동 열차가 갑자기 고장이 나 마을 근처에서 어쩔 수 없이 멈춰서야 하는 상황이 발생한다. 오랫동안 따뜻한 기차 안에 앉아 있었던 링컨은 신선한 바깥 공기가 그리웠다. 그는 기차를 빠져나와 들판을 가로질러 걷기 시작한다. 그는 텅 빈 거리를 지나가다가 겨우 어떤 노인 한분을 만난다. 그는 노인에게 물어서 소녀의 집이 어디에 있는지를 알아낸다. 소녀의 집을 찾아간 링컨은 문 앞에서 자기를 소개한다. 흑인 하녀는 넋이 나가서 할 말을 잃는다. 그러나 소녀와 소녀의 흑인 소꿉동무는 인사를 하는 둥 마는 둥 어린 아이들 특유의 방식으로 그를 대한다.

두 소녀는 작은 찻잔으로 가짜 핫초코를 마시면서 소꿉놀이를 하고 있었다. 그들은 링컨 아저씨를 자기들의 파티에 초대해서 가짜 핫초코를 한 잔 "따라준다." 놀랍게도 그 다음 장면에서 링컨은 두 어린 소녀와 거실에 앉아 잡담을 나누며 가짜 핫초코를 홀짝거린다. 잠시 후 떠나야 할 때가 되자 링컨은 그들에게 파티에 초대해주어 고맙다는 인사를 하고는, 자신의 새 턱수염이 어떤지 묻는다. 그리고는 들판을 가로질러 자신을 기다리고 있는 기차로 돌아간다.

마지막 장면 또한 걸작이다. 링컨의 열차는 멈추지 않고 그 마을을 그대로 통과한다! 그를 기다리고 있던 모든 정치가들과 지역 유지들, 큰 소리로 요란하게 연주하는 악단과 깃발이 드리워진 플랫폼, 그리고 잘 차려입은 신사들과 숙녀들을 그대로 지나쳐 버린다. 링컨은 그저 자기에게 편지를 보낸 그 여덟 살 난 소녀에게 감사의 인사를 전하려고 온 것일 뿐이었으므로.

성서의 영웅들

이 이야기는, 비록 그 출처가 의심스럽긴 하지만 성서의 메시지와 매우 유사한 희극적 특징을 가지고 있다. 보통 우리는 희극이라는 말을 성서와 연결시키지 않는다. 그러나 희극과 성서의 공통된 관심사 중의 하나는 인간의 교만과 위선이다. 희극과 성서는 공히 권력과 신분의 오만함과, 이기성과 자기중심성의 어리석음을 다룬다. 예수님은 "자기를 높이는 사람은 낮아지고, 자기를 낮추는 사람은 높아질 것"(마태복음서 23:12)이라고 말씀하셨다. 이는 성서의 근본 주제일 뿐만 아니라 희극의 근본 주제이기도 하다. 희극의 일반적 장치 중의 하나는 교만한 자가 굴욕을 당하고 비천한 자가 높여지는 것이다. 지위가 높고 힘 센 사람들이 패배하고, 지위가 낮고 억압받는 사람들이 승리하는 것이다.

성서 이야기의 일반적인 구조는 〈대통령의 구레나룻〉 같은 코미디와 매우 비슷하다. '성모마리아 찬가'에 나오는 표현은 희극의 요약이라고 할 수 있다. "주린 사람들은 좋은 것으로 배부르게 하시고, 부한 사람들을 빈손으로 떠나보내셨습니다."(누가복음서 1:53) 이 주제는 희극과 성서에서 매우 특징적이어서 '하나님의 드라마'

라는 용어만큼이나 '하나님의 희극'이라는 용어가 타당할 정도이다. 에스겔 또한 하나님을 대신하여 이렇게 선언하지 않았던가. "나 주가, 높은 나무는 낮추고 낮은 나무는 높이고 푸른 나무는 시들게 하고 마른 나무는 무성하게 할 것이다."(에스겔서 17:24)

주일학교의 아이들에게 큰 감동으로 다가온 성서의 영웅들은 비극의 영웅이나 숭고한 영웅, 혹은 신화적 영웅의 거창한 의미에서 영웅이었던 것은 아니다. 기껏해야 그들은 우물 안의 개구리 수준이다. 성서의 영웅들은 하찮거나 바람직하지 않은 인물은 아니라 할지라도 하나님의 사역을 위한 평범한 그릇들로 사용되는 보통 사람들이 대다수다. 그들은 황금 술잔보다는 진흙 항아리에 더 가까운 사람들이다. 이스라엘의 선조인 아브라함과 이삭과 야곱은 비록 사회의 맨 밑바닥 계층은 아니었지만, 사회 변두리에서 유목생활을 하는 목자들이었음이 확실하다. 유목생활을 하던 목자들은 사막이나 바위산 혹은 도로 변의 척박한 땅에 가축들을 방목하며 살았다.

아브라함과 롯의 이야기에서, 아브라함은 소돔과 고모라에 인접한 풀이 무성한 요단강 유역이 아니라 그보다 비옥하지 않은 가나안 땅을 택한다. 가나안은 작은 마을과 도시들이 여기저기 산개해 있는 지역으로서 결코 수준 높은 문화의 중심일 수 없었다. 선진 문명이 번성한 대도시들은 다른 곳에 있었다. 이집트, 수메르, 아시리아, 바빌로니아, 페르시아, 그리스와 로마 등등. 가나안은 대상隊商들과 군대들이 제국들 사이를 왕래하던 지중해와 사막의 연결 통로에 위치해 있었다. 기원전 1세기부터 기원후 1세기까지 이스라엘은 점점 더 크고 강력해진 초강대국들의 지배를 번갈아 받아야 했던 제3세계 국가와 비슷한 처지였다. 이스라엘이 중동지역에서 강력한 힘을 행사했던 시기는 오직 기원전 10세기 솔로몬의 시대밖에 없었다. 솔로몬 시대의 위대한 영광은 결국 여러 가지 의미가 뒤섞인 희비가 교차하는 은총에 불과했다.

　성서에 등장하는 사람들의 대다수는 이름 없는 이들과 그 이름 없는 이들의 예언자들이었다. 그들은 이집트의 거대한 피라미드와 보물 창고를 건설한 사람들이 아니었다. 노예로서 이집트인들이 시키는 대로 했을 뿐. 그들 중의 일부는 나중에 나라를 잃고 바빌론에 포로로 끌려가 메소포타미아의 거대한 왕궁들이나 피라미드 사원 근처에서 살게 된다. 그들은 찬란했던 그리스 문화처럼 시와 희곡과 철학으로 세계를 풍요롭게 하지도 못했다. 로마인들처럼 기술이나 도로건축 설계, 혹은 건축술로 뛰어난 성취를 보여주지도 못했다. 당대의 대제국들과 비교해보면, 그들이 순수예술 분야인 조각, 미술, 음악, 공예 등에서 보여준 재능이란 것도 변변한 것이 되지 못하였다. 로마제국의 영역이 결국 서쪽으로는 브리튼 섬들과 동쪽으로는 인도에까지 확대되었던 반면, 황금기였다고 하는 다윗 왕 시대의 이스라엘이라고 해봐야 옐로우스톤 국립공원(미국의 최대 국립공원. 약 9,000㎢의 면적이다—역주) 정도의 크기에 불과했다.

하나님이 선택한 자들은 그들이 드릴 것을 많이 가지고 있기 때문이 아니라 그들 자신 외에는 드릴 것이 거의 없는 이들이었기 때문에 선택된 것임이 분명하다.

오늘날 만약 하나님의 선민 콘테스트라는 것이 있다면, 우리는 저마다 세계 문명에 크게 공헌했다고 주장하는 강대국들을 떠올릴 것이다. 영국, 프랑스, 독일, 일본, 미국 등이 아마도 선두 그룹에 속할 것이다. 특히 미국인들은, 1세기 전 대영제국의 시민들이 그러했을 것처럼, 틀림없이 자국이 선택되리라 확신할 것이다. 미합중국은 스스로가 가장 부유하고 힘 있는 나라, 민주주의의 챔피언, 자유세계의 방어자, 자본주의의 성채, 인권의 옹호자, UN의 창시자, 우주 탐험의 선도자, 그리고 월드시리즈의 본향이라는 점을 들어 그 상을 받을 자격이 있다고 강변할 것이다. 그 누가 여기에 이의를 제기할 수 있을까?

최종 발표는 UN 총회에서 발표될 것이었다. 기독교 이념에 따라 세워진 청교도 국가이자 가장 강력한 국가인 미국이 하나님의 선택을 받을 것임이 누구에게나 확실해 보였다. 그리하여 대통령은 물론 행정부와 입법부의 모든 부서들이 그 축하 의식에 참석해 있다. 이윽고 마침내 하나님의 선민 경연대회의 우승자가 발표된다. 놀랍게도 그것은 나미비아(아프리카 남서부에 위치한 소국—역주) 사람들이다!

이런 시나리오는 바울이 고린도교회에 쓴 편지에서 말하고 있는 것과 본질적으로 동일하다. 그는 서두에서 고린도교회의 많은 교인들이 교육을 받지 못했으며, 사회적인 영향력이 없고, 좋은 집안 출신이 아니라는 점을 특별히 강조한다. 사실, 그의 진술은 겉으로 보면 매우 모욕적인 것처럼 들린다. 바울은 고린도의 교인들이 (사실이든 아니든) 지적이고 인상적이며, 가장 훌륭한 모범이라는 식으로 추켜세우는 말로 시작하지 않는다. 그는 『친구를 사귀고 사람들에게 영향을 주는 방법』(미국의 저명한 경영학자 데일 카네기의 책—역자)에 나오는 규칙들과 정반대되는 방식으로 충고를 시작한다. 심지어 바울은 그들을 일컬어 어리석고, 약하며, 비천하고, 멸시받는, 아무것도 아닌 사람들이라고 부른다!

> 형제자매 여러분, 여러분이 부르심을 받을 때에, 그 처지가 어떠하였는지 생각하여 보십시오. 육신의 기준으로 보아서, 지혜 있는 사람이 많지 않고, 권력 있는 사람이 많지 않고, 가문이 훌륭한 사람이 많지 않았습니다. 그런데 하나님께서는, 지혜 있는 자들을 부끄럽게 하시려고 세상의 어리석은 것들을 택하셨으며, 강한 것들을 부끄럽게 하시려고 세상의 약한 것들을 택하셨습니다. 하나님께서는 세상에서 비천한 것들과 멸시받는 것들을 택하셨으니 곧 잘났다고 하는 것들을 없애시려고 아무것도 아닌 것들을 택하셨습니다. 이리하여 아무도 하나님 앞에서는 자랑하지 못하게 하시려는 것입니다.
>
> (고린도전서 1:26-29)

이 같은 구절은 성서 이야기의 핵심을 잘 요약하고 있다. 겉으로 보면 사도 바울의 주장은 반反유대주의라는 비난을 받을 수 있는 듯이 보인다. 하지만 그것은 유대인 회심자 뿐만 아니라 이방인에게도 똑같이 적용되는 말이다. 게다가 바울 자신이 유대인이지 않은가. 이것이 세상에서 하나님이 일하시는 방식이다. 하나님의 유머 안에서는 비단 아브라함과 이삭의 사람들만 축복받는 것이 아니다. 이제는 이방인들 가운데서도, 하나님의 바보들, 즉 어리석은 이들, 연약한 이들, 낮고 멸시받는 이들, 아무것도 아닌 이들이 하나님의 선택과 초대를 받는다. 이 얼마나 기묘한 선택이고 부름인가!

패배자

많은 성서 이야기들이 이와 유사한 하나님의 희극을 암시하고 있다. 하나님의 말씀은 강력한 이집트의 왕 바로가 아니라, 살인을 저지르고 사막으로 도망가서 양을 치고 있던 히브리 노예의 아들 모세에게 계시되었다. 게다가 그 말씀을 받은 모세는 말더듬이에다가 사명에는 별 관심이 없으며, 언어 장애 때문에 그의 형제 아론을 통해서만 말할 수 있는 이였다. 그 말씀은 그러나 바로를 패배시키고, 이집트의 첫 태생들을 죽음에 이르게 했으며, 히브리 노예들의 해방을 이끈 말씀이었다. 힘있는 자가 몰락하고 힘없는 자가 승리하다니 이게 웬일인가! 그것은 출애굽 이후로 희망 없는 자들에게 희망을 주고 약한 자들에게 용기를 준 메시지였다.

기드온 이야기에서 이스라엘 사람들은 미디안의 침략을 격퇴하기 위해 삼만 이천 명의 군대를 모은다. 그러나 하나님은 그 군대를 축소하도록 명령하신다. "이스라엘 백성이 나를 제쳐놓고서, 제가 힘이 세어서 이긴 줄 알고 스스로 자랑할까 염려되기" 때문이다.(사사기 7:2) 기드온은 군대를 만 명으로 줄인다. 그러나 하나님은 만 명도 여전히 많다고 말씀하신다. 미디안 군사들이 "메뚜기 떼처럼 셀 수 없이 많고," 그들이 끌고 온 낙타가 "바닷가의 모래알처럼" 많은 상황이었음에도 불구하고!(7:12) 그리하여 시험이 고안된다. 그 시험에서 거의 모든 군인들이 탈락하고 딱 삼백 명만 남게 된다. 이 작은 군대는 미디안 사람들의 야영지를 둘러싸고 약속된 신호에 따라 요란한 소리를 내기 시작한다. 잠을 자던 미디안 사람들은 혼란에 빠져 어둠 속에서 서로를 죽이거나 도망친다. 기드온의 "미션 임파서블"이 성공한 것이다.

후일 백성들이 "다른 이방 나라들처럼" 왕을 세워달라고 극성스럽게 요구하자, 마음이 내키지 않았던 예언자 사무엘은 키가 크고 잘 생긴 젊은 사울에게 기름을 붓는다. 그러나 사울은 자신이 "이스라엘 지파들 가운데서도 가장 작은 지파" 사람이며, 자신의 가족도 "베냐민 지파의 모든 가족 가운데서도 가장 보잘것없는" 가족이라고 말한다.(사무엘기상 9:21) 왕을 선출하기 위해 모든 지파가 모였을 때에도, 사울은 숨어버리고 싶을 정도로 왕이 되는 것이 마음에 내키지 않았다.

물론, 가장 전형적인 사례는 다윗과 골리앗의 이야기이다. 사울도 키가 큰 사람이었지만, 블레셋의 골리앗은 완전히 거인이었다. 그는 3미터가 넘는 장신에 70킬로그램이 넘는 청동 갑옷을 입고 5미터가 넘는 창을 들고 다녔다. 거만한 골리앗이 이스라엘 군대에 일대일 결투를 신청했을 때 아무도 감히 그의 도전을 받아들이지 못했다. 모두가 두려움에 떨며 뒤로 물러섰다. 이새의 막내아들인 목동 다윗은 형들에게 점심을 갖다주러 전쟁터에 갔다가 우연히 이스라엘 군대의 치욕적인 상황을 알게 되었다. 어린 다윗은 사울왕을 설득해서 그 거인의 도전에 맞선다. 골리앗은 훈련도 받지 않고 경험도 없는 애송이가 무기도 없이 자기에게 다가오는 것을 보고 콧방귀를 뀌었다. "막대기를 들고 나에게로 나아오다니, 네가 나를 개로 여기는 것이냐?" 그는 다윗에게 거만하게 이렇게 외쳤다. "어서 내 앞으로 오너라. 내가 너의 살점을 공중의 새와 들짐승의 밥으로 만들어 주마."(사무엘기상 17:43, 44) 다윗은 오만한 블레셋 거인이 그를 향해 큰 걸음으로 다가오자 작은 돌을 새총으로 쏘아 이마를 명중시켜 단 한방에 거인을 쓰러트린다.

희극의 정신은 위대한 평등주의이다. 거인들은 쓰러지고, 작은 자들은 승리한다. 군주들은 패배하고, 노예들은 해방된다. 아름다운 사람들에게는 진흙탕물이 튀고, 신데렐라에게는 유리구두가 딱 맞는다. 위대함에 대한 우리의 사랑에도 불구하고, 성서는 인간의 위대함을 강조하고 찬양하는 그런 종류의 영웅담을 보여주지 않는다. 사실, 성서에는 인간의 위대함에 대한 언급이 매우 드물다. 그 대신 인간의 힘, 지혜, 업적을 지나치게 믿거나 의지하는 것에 대한 경고들이 주어진다. 악은 교만과 거만, 그리고 자랑의 필연적인 결과이다. "교만에는 멸망이 따르고, 거만에는 파멸이 따른다."(잠언 16:18) 성서가 추구하는 것은 희극과 마찬가지로 지혜 속에서 어리석음을, 어리석음 속에서 지혜를 발견하는 것이다. 거품처럼 부풀어 오르는 자아는 바람이 빠지고, 전제 군주들은 폐위되며, 거만한 자들은 걸려 넘어진다. 권위 있는 자들은 결국 힘을 상실하고 불쌍한 신세가 된다. "교만한 사람에게는 수치가 따르지만, 겸손한 사람에게는 지혜가 따른다."(잠언 11:2)

불행하게도, '겸손한'이라는 용어는, 특히 최고만을 우상화하는 문화에서 그 진정한 의미를 상실하는 경향이 많다. 겸손한 사람은 소심하고 수줍음을 잘 타며 소극적이고 잘 나서지 않는 사람, 즉 쉽게 지배당하는 약한 상대라는 이미지를 불러일으킨다. 교만한 자가 스스로를 높이는 사람이라면, 겸손한 자는 자기 자신을 비하하는 사람이라고 생각하는 것도 그럴듯해 보인다. 겸손하다는 것은 "나는 하찮은 존재야, 아무 것도 아니야, 아무 것도 아닌 것보다 더 못한 존재야"라고 중얼거리며 스스로의 그늘 밑에 주저앉는 것이다. 예수님 역시 자신을 "선한 선생"이라 부르는 말에, "어찌하여 너는 나를 선하다고 하느냐? 하나님 한 분 밖에는 선한 분이 없다"(마가복음서 10:18)라고 말씀하시지 않았던가? 거침없는 교회개척자이자 서간들의 저자인 사도 바울도 "나는 죄인의 우두머리입니다"(디모데전서 1:15)라고 말하지 않았던가?

그러나 이러한 관점은 마조히즘을 사디즘으로 뒤집는 식의 자기 감추기self-effacement일 뿐이다. 다른 사람을 때려눕히든지, 자기 자신을 때려눕히든지 할 수밖에 없는 것이다! 처칠은 히틀러에 대해 유화 정책을 편 체임벌린(1863-1937, 영국의 정치가—역주)에 대해 이렇게 빈정거렸다. "그는 겸손한 사람입니다. 부족한 게 참 많죠." 누군가를 이렇게 겸손하다고 평하는 것은 그의 존엄과 가치를 손상시키거나 모욕하는 것이 아니다. 겸손에 대해 말하는 것은 교만한 사람들이 놓치곤 하는 존엄성과 가치에 대해 말하는 것이다. 교만한 사람은 이렇게 말하는 사람이다. "나와 비교하면 당신은 가치 없고 별 볼 일 없죠. 내 재능과 업적에 비교하면 당신은 아무 것도 아닙니다." 그래서 예수님은 교만한 자가 낮아지고 겸손한 자가 높아질 것이라고 말씀하신 것이다. 말하자면, 각자의 진정한 존엄과 가치가 인정되고 옹호되는 것이다. 겸손한 사람들은 교만한 사람들에 의해 더 이상 업신여김을 받지 않을 것이다.

겸손은 자기 자신을 비하하는 것이 아니다. 그것은 자기 자신에 대해 생각하는 것이 아니다. 겸손이란 기꺼이 축하하는 것이고, 주제를 바꾸는 것이다. 결국, 자기를 높게 생각하는 것과 자기를 낮게 생각하는 것에는 공통점이 있다. '내'가 관심의 초점인 것이다. 겸손한 사람은 땅바닥에 넙죽 엎드리거나 낡은 재킷을 입고 있는 사람이 아니라, 다른 사람보다 자기가 우월한지 열등한지의 문제에 관심을 갖지 않는 사람이다. 겸손한 사람은 자유롭다. 자유롭게 다른 사람들의 뜻에 따르고, 자유롭게 다른 사람들의 가치를 발견한다.

십자가에 못 박히기 전날 예수님은 제자들과 유월절 식사를 함께 하셨다. 제자들은 자기들이 주님의 나라에 들어갔을 때 서로 예수님의 "오른편에 앉을 것"이라고 부지런히 다투었다. 그들은 큰 권력과 권세 있는 자리들이 자기들에게 주어질 것이라고 상상했다. 스스로의 가치와 닥쳐 올 영광에 온통 정신이 팔린 제자들은 누가 그 방에 들어온 이들의 발을 씻어줄 것인가와 같은 유월절의 세세한 의식들을 준비하지 못했다. 손님들의 발을 씻어주는 것은 전통적으로 종들이 하는 일이었다. 제자들은 발을 씻어주는 자가 아니라 지배자가 되기를 원했다. 예수님은 아무런 준비도 되어 있지 않고 어떤 제자도 나서지 않는 것을 보시고는 손수 물 주전자와 수건과 대야를 가져와서 제자들의 발을 씻기기 시작했다. 예수님은 기꺼이 종의 자리를 떠맡았다. 그런 행동이 가능했던 것은, 죽음이라는 큰 시련이 다가오는 암울한 상황 속에서도 그가 자기 자신에 대해서는 어떠한 생각도 하지 않았기 때문이다.

나는 어느 순회 설교에서 타케오카 카가와Takeoka Kagawa라는 일본인 기독교 지도자에 대한 일화를 들은 적이 있다. 많은 책을 쓴 카가와 박사는 훌륭한 교회 지도자였으며, 기독교 대표자의 한 사람으로서 국제적인 존경을 받고 있었다. 어느 날 그는 성직자와 평신도 지도자들의 대규모 집회에서 연설을 하기로 예정되어 있었다. 행사가 시작되기 전 그는 자신을 안내하던 교단 직원들과 함께 잠시 화장실에 갔다. 큰 집회에서는 늘 그렇듯이 그날 화장실에 갔던 많은 사람들도 자신이 쓴 종이 수건을 휴지통에 제대로 버리지 않았다. 카가와 박사를 안내하던 사람들이 화장실에서 먼저 나와 연단으로 갔다. 그러나 곧 뒤따라올 줄 알았던 박사가 나타나지 않았다. 화장실에 되돌아 간 그들은 카가와 박사가 홀로 휴지를 줍고 있는 모습을 볼 수 있었다!

예수님이 제자들의 발을 씻긴 것이나 카가와 박사가 휴지를 주운 것은 영웅적인 행위가 아니다. 둘 다 단순하고 천한 일이었다. 두 사람 모두 마음을 짓누르는 문제들을 안고 있었다. 그들이 그런 사소해 보이는 일들을 무시해버렸다 하더라도, 아무도 그들을 비난하지 않았을 것이다. 그러나 자기 자신이나 자기 자신의 이미지에 대해 아무런 관심이 없었던 그들은 그렇게 작은 일에도 스스럼없이 행동할 수 있었던 것이다. 그런 이들에게는 작은 일이 큰 일만큼이나 중요하다. 더러운 발을 씻기는 행위는 빵과 잔을 드는 행위와 동일한 수준에서 이루어진다. 종이 수건은 설교나 연설만큼이나 중요하다.

범주를 무너트리며

우리는 성서의 세계와 정반대 방향으로 움직이는 세계에서 살고 있다. 우리는 위대한 영웅들에 매료되고 경쟁에서 항상 승리하기를 바란다. 모든 인간과 업적이 1부터 10까지 등급이 매겨지거나, 중요한 것과 중요하지 않은 것, 아름다운 것과 추한 것, 승리자와 패배자, 부자와 가난한 자, 대단한 사람과 하찮은 사람과 같은 단순한 이분법에 따라 그 가치들이 평가된다. 우리는 학생들이 그들의 충분한 잠재력(그것이 무엇이든)을 발휘했을 때 상을 주는 것이 아니라, 그들의 능력과 업적에 따라 '수'에서 '가'까지, A에서 F까지 등급을 매기는 교육 체계를 구축하고 있다. 우리의 체육 프로그램들은 참가자들이 개인적인 기술들을 최대한 발휘하도록 하는 것이 아니라, 상대편을 이김으로써 자신의 우월성을 입증하는 것을 궁극적인 목적으로 삼고 참가자들을 상대적으로 평가하는 방식으로 발전되어 왔다. 이와 마찬가지로 우리는 개인적인 가치와 성공을 은행 잔고와 집의 크기, 회사에서의 직책과 이력에 따라 측정한다. 우리는 모든 사람과 모든 것들을 끊임없이 측정하는 다양한 잣대들을 가지고 있다.

예수님은 이와 같은 세속의 지혜에 대해서는 전혀 관심이 없으셨다. 나아가 예수님은 인간 피라미드에서 어디에 설 것인가 하는 문제에 지나치게 열중하는 사람들에 대해서 거의 참을성이 없으셨다. 제자들이 다가올 나라에서 누가 가장 높은 자가 될 것인가 하는 문제로 다투자 예수님은 한 어린 아이를 그들 가운데 데리고 와서 이렇게 말하셨다. "너희 가운데에서 가장 작은 사람이 큰 사람이다."(누가복음서 9:48) 이는 여인들이 아이들을 예수님께 데리고 와서 쓰다듬어 달라고 부탁했던 일화와 똑같은 희극적 역전이다. 제자들은 예수님이 어린 아이들에게까지 관심을 가질 여력이 없을 것이라고 생각하고는 어린 아이들을 쫓아 보내려고 한다. 그러자 예수님은 화를 내시며 이렇게 말한다. "어린이들이 내게 오는 것을 허락하고, 막지 말아라. 하나님 나라는 이런 사람들의 것이다."(마가복음서 10:14)

이러한 희극적인 역전은 사람들을 대하는 예수님의 모습 속에서 자주 볼 수 있다. 삭개오의 이야기에서, 예수님은 수많은 사람들 가운데 하필이면 그 마을에서 가장 멸시받는 남자를 불러서 그와 함께 차를 마신다. 그리고 선한 사마리아인의 비유에서는 가장 가능성이 없는 후보를 주인공으로 선택한다. 당시 사마리아인은 결코 "선한 유대인"에 포함될 수 없었다. 그러나 길가에 쓰러져 고통 받는 사람을 도와준 것은 멸시받는 사마리아인이었다. 흔히 "선한 유대인"이라고 생각되었던 제사장과 레위 사람은 쓰러져 있는 자를 피해서 그냥 다른 쪽으로 지나가 버린다.

사마리아인과 관련된 또 다른 일화가 있다. 예수님은 사마리아 땅을 지나갈 때 평판이 안 좋은 사마리아 여인에게 물을 청하셨다. 전통적인 유대인들이었다면 사마리아 땅은 밟지도 않았을 것이고, 사마리아인이 주는 물은 손도 대지 않았을 것이다. 더욱이 이전에 다섯 명의 남편과 살았고 현재에는 남편이 아닌 다른 남자와 살고 있는 여자가 주는 물임에야! 여자는 깜짝 놀라며 이렇게 묻는다. "선생님은 유대 사람인데, 어떻게 사마리아 여자인 나에게 물을 달라고 하십니까?"(요한복음서 4:9) 사실, 세리들과 죄인들, 그리고 간음한 여자들에 대한 예수님의 관계는 매우 비전통적인 것이었고, 완전히 전도된 것이었다. 바리새인들이 "간음으로 붙잡힌" 한 여자를 데려다가 (그런 자를 돌로 쳐 죽이라고 명한) 모세 율법에 대한 예수님의 태도를 시험했을 때, 예수님은 아무런 반응도 보이지 않고 묵묵히 땅바닥에 무언가를 손가락으로 쓰기만 한다. 대답을 강요받자 예수님은 그들에게 이렇게 말한다. "너희 가운데서 죄가 없는 사람이 먼저 이 여자에게 돌을 던져라." 그녀를 비난했던 자들이 떠나자 예수님은 이렇게 묻는다. "너를 정죄한 사람이 한 사람도 없느냐?" 그 여자는 대답한다. "주님, 한 사람도 없습니다." 그러자 예수님은 말한다. "나도 너를 정죄하지 않는다."(요한복음서 8:7-11)

우리에게 잘 알려진 또 다른 범주 파괴는 기도하러 성전에 올라간 바리새인과 세리에 대한 예수님의 비유에서도 잘 나타나 있다. 의로운 바리새인은 교만하게 서서 이렇게 기도한다. "하나님, 감사합니다. 나는, 남의 것을 빼앗는 자나, 불의한 자나, 간음하는 자와 같은 다른 사람들과 같지 않으며, 더구나 이 세리와는 같지 않습니다. 나는 이레에 두 번씩 금식하고, 내 모든 소득의 십일조를 바칩니다." 그러나 세리는 눈을 들지도 못하고 가슴을 치며 이렇게 외친다. "아, 하나님, 이 죄인에게 자비를 베풀어 주십시오."(누가복음서 18:11-13) 예수님에게 의롭다고 여김을 받는 자는 죄인들이지 의로운 자들이 아니다.

예수님이 이와 유사한 방식으로 '중요한 것과 중요하지 않은 것'의 범주를 파괴한 또 다른 중요한 사례가 있다. 예수님은 제자들과 함께 서서 성전으로 올라오는 사람들을 관찰하고 계셨다. 어떤 사람들은 많은 금과 은을 가져다가 성전 입구의 헌금함에 넣었다. 그러나 예수님은 이런 자들을 주목하지 않고 오히려 아무도 주목하지 않는 한 여인을 눈여겨보셨다. 그녀는 가난한 과부였다. 그녀는 렙돈 두 닢밖에 드릴 것이 없었기 때문에 매우 당혹스러워하고 있었다. 그녀는 아무도 자신을 눈여겨보지 않기를 바라면서, 넉넉하게 낼 수 있는 자들이 다 지나갈 때까지 한 쪽 구석에서 기다리고 있었다. 그러나 누군가가 그녀를 주의 깊게 지켜보고 있었다. 그녀의 적은 헌금을 무시하고 그녀를 멸시하기 위해서가 아니라, 그녀의 관대함을 칭찬하기 위해서였다. 예수님은 그녀를 따뜻한 시선으로 바라보면서 제자들에게 이렇게 말한다. "헌금함에 돈을 넣은 사람들 가운데, 이 가난한 과부가 어느 누구보다도 더 많이 넣었다. 모두 다 넉넉한 데서 얼마씩을 넣었지만, 이 과부는 가난한 가운데서 가진 것 모두 곧 자기 생활비 전부를 털어 넣었다."(마가복음서 12:43, 44)

세상적인 비교 기준들에서 볼 때, 예수님의 평가는 말도 안 되는 것이다. 어떻게 렙돈 두 닢이 그 날 헌금함에 넣어진 수천 세겔의 금은보다 더 크다는 것인가? 이것은 국립은행의 계산 방식이 아니다. 그런 계산법은 주식시장의 붕괴를 초래할 것이다. 거기에는 그러나 보다 높은 가치 기준이 있다. 하나님의 가치 기준에서 보면, 가난한 과부의 렙돈 두 닢이 부자들의 수천 세겔보다 더 크고 가치 있는 것이다.

가난한 과부의 이야기와 비슷한 또 다른 일화가 있다. 어떤 교회가 새로운 성전을 짓기 위해 건축기금을 모금하고 있었다. 그런데 그것이 필요한 만큼 잘 걷히지 않았다. 대부분의 사람들이 이렇게 생각하고 있었다. "나보다 돈이 많은 사람들이 내야지." 목사는 설교단에서 이런 문제를 지적하고 성도들에게 좀 더 적극적으로 참여해줄 것을 감동적으로 호소했다. 다음 주일 날, 한 안내인이 목사에게 쪽지 하나를 건네주었다. 그것은 지난주에 목사의 간곡한 호소를 들었던 일곱 살 난 한 소년이 쓴 것이었다. 쪽지에는 동전 하나가 테이프로 붙여져 있었는데, 이런 내용이 적혀 있었다.

"목사님이 새 교회를 짓게 되어서 정말 기뻐요. 저 또한 돕고 싶어요. 여기 5센트가 있어요. 당신의 친구, 조니." 소년은 쪽지 맨 아래에 추신을 덧붙였다. "더 필요하시면, 연락주세요." 목사님은 무척 기뻤을 뿐만 아니라 큰 감동을 받았다. 다음 주일 날, 그가 교회에서 그 쪽지를 읽어주자 회중들도 크게 감동했다. 그 일이 있은 후, 너도나도 모금에 동참해서 순식간에 필요한 건축자금을 다 모았다는 이야기이다.

하나님의 기준에서 볼 때, 소년의 5센트는 천 달러의 기부금 이상의 가치가 있다. 한 가난한 과부의 동전은 몇 달란트의 금은보다 더 귀한 것이다. 어린 아이들이 예수님의 제자들보다 더 천국에 가까이 있다. 예수님이 함께 차를 마시는 자는 높은 평판을 받는 사람들이 아니라 오히려 멸시받는 세리들이다. 간음한 여인들과 매춘부들은 용서를 받는다. 그러나 그들을 비난했던 자들은 느닷없이 쫓겨난다. 손을 대는 것조차 용납할 수 없었던 사마리아인들이 어루만져지며 도덕적인 모범 사례가 된다. 바보들이 지혜로운 자들보다 더 지혜롭다. 약한 자들이 강한 자들보다 더 강하다. 아무 것도 아닌 자들이 높여지고 그들의 가치가 인정된다. 중요한 인물들이 버림을 받고 무시당한다. 그리고 온순한 자들이 땅을 상속받는다.

하나님의 희극을 한 편의 이야기로 요약한다면, 아마 다음과 같을 것이다. 하나님이 한 민족을 선택하셔서 그 민족을 통하여 자신의 뜻을 계시하시고 자신의 역사를 이루어 가실 것이라고 선포하신다. 그는 땅의 모든 민족들을 불러 그들에게 자격을 증명할 것을 요구하신다. 위대하다는 민족들은 저마다 특사를 파견해서 자신들의 상품을 전시하고, 자신들의 영광스러운 업적들, 제국의 광범위한 영토와 군사적인 공적들, 피라미드와 궁전의 경이로움, 조각과 미술의 아름다움, 그리고 거룩한 성전의 웅장함을 자랑한다. 이집트, 아시리아, 바빌론, 페르시아, 그리스, 로마가 모두 자신들의 대표를 보낸다.

하나님께서 모인 특사들에게 말씀하신다. "내가 너희 가운데 한 민족을 선택하기로 결정했다. 내가 가서 내 백성들을 방문하고, 그들 가운데 거하며, 그들의 하나님이 될 것이다. 그들을 통하여 내가 큰일들을 행하고 위대한 것들을 드러낼 것이다." 각 민족의 대표들은 저마다 자기들이 선택될 것이라고 확신하면서, 좋은 소식을 가지고 자기 백성들에게 돌아간다. 좋은 소식을 들은 백성들은 자기 민족에 대한 자긍심으로 가슴이 뿌듯해진다. 그들은 성전에 많은 헌물을 바치고, 아낌없는 축하잔치를 준비한다. 금과 은을 신성한 헌금함에 바치고, 음악가들을 준비시키고, 많은 양들과 소들을 제물로 드린다. 살진 짐승들의 타는 냄새와 노랫소리, 그리고 악기들의 소음이 온 하늘을 가득 뒤덮는다. 그들은 서로에게 이렇게 말한다. "확실히 우리가 하나님의 백성이고 종이야."

모든 위대한 민족들이 성대한 환영과 아낌없는 축하를 준비한다. 국가 최고위직 인사들이 한 자리에 모여 있다. 왕들과 여왕들은 자신들의 측근과 귀족들에게 둘러싸여 거만하게 앉아 있다. 그들 바로 앞에는 부유한 상인들과 지주들, 고위 성직자들과 마법사들, 고문들과 점성가들과 국가 관료들, 지역 재판관들과 행정가들, 거대한 건물 건축가들, 공공사업의 공사감독들, 군 장성들과 해군 제독들의 행렬이 있다. 그들은 자신들의 군사적인 영웅들, 보병군단들, 그리고 최고의 전쟁 장비들을 행진시키고, 이어서 최근의 정복 전쟁에서 포획한 포로들과 노예들(사슬에 묶인 남자와 여자와 아이들)을 뒤따르게 한다. 이 노예들은 앞으로 채석장이나 시장의 일꾼으로 쓰이거나 군중들의 즐거운 오락을 위한 노리개감으로 사용될 것이다.

하나님은 이렇게 환영식을 준비하는 위대한 나라들의 수도를 차례로 방문하신다. 그런데 하나님은 왕족들과 귀족들과 성직자들을 그냥 지나치신다. 관료들과 환호하는 군중들은 물론이고, 연단들과 수많은 행렬들, 그리고 최첨단 전쟁 장비들도 그냥 지나치신다. 그 동안 즐겁게 진행되던 행진이 당황스러움 속에서 갑자기 중단된다. 군중들의 환호는 당혹스러워하는 중얼거림으로 변한다. 거대한 집회가 한 순간에 깊은 침묵으로 뒤덮인다. 하나님은 맨 뒤편에서 행진하던 죄인들, 아이들, 남자들과 여자들, 젊은이와 노인들의 사슬을 하나씩 풀기 시작한다. 그리고 이렇게 말씀하신다. "이들이 나의 백성들이다. 이들이 하나님의 백성들이다."

그리고 하나님은 옆으로 돌아서 그들을 옆길과 뒷골목으로 인도하신다. 가난한 자들과 병든 자들과 절름발이들, 노예들과 거지들과 밤의 여자들, 그리고 길거리에서 놀고 있는 어린 아이들이 차례로 그 행렬 속에 들어간다. 그 국가적인 환영식에 초대받지 못하고 소외되었던 모든 이들이 이 행렬에 초대된다. 그리고 하나님은 그들에게 이렇게 말씀하신다. "너희는 하나님의 선택된 자들이다. 너희는 너희 자신밖에는 나에게 줄 것이 전혀 없기 때문이다."

마리아가 어린양을 잉태했다

한 아기가 잠시나마 그 전쟁을 멈추게 했다. "땅에서는 주님께서 좋아하시는 사람들에게 평화로다!" 라는 작은 메아리가 그 밤하늘에 울려 퍼졌다. 새로 태어난 아기의 순수함, 탄생의 기쁨, 삶과 사랑에 대한 찬가가 순식간에 어른들의 이기심과 완고함과 잔혹함의 더러운 세계로부터 그 병사들을 돌려세웠다. 그들 간의 큰 차이, 다시 말해 전쟁이 유일한 해결책이 될 수밖에 없었던 원한과 증오는 그런 것들을 전혀 모르고 그런 것들에 전혀 참여해본 적이 없는 한 아기의 현존 앞에서 부드럽게 녹아버렸다. 잠깐 동안이나마, 죽음과 파괴의 어둠 속에 있던 적대자들이 서로 화해하고 적대적인 경계선들을 넘어서 함께 축하했다.

대략 150년 전만 하더라도 대부분의 개신교 교회에서는 크리스마스를 경축하지 않았다. 크리스마스에 덧붙여진 세속적인 면들에만 눈살을 찌푸린 것이 아니라, 특별한 종교적 의식을 치르지도 않았던 것이다. 사실, 남북 전쟁 이전에 일부 교회들 사이에서 가장 논쟁적이었던 두 가지 이슈는 노예제와 크리스마스 경축에 관한 것이었다. 당시 진보적인 목사들은 크리스마스를 찬성하고 노예제를 반대했다. 그러나 보수적인 목사들은 크리스마스를 반대하고 노예제를 찬성했다!

크리스마스에 반대했던 사람들의 주요 논점은 그 관습들이 대부분 이교도적인 기원을 갖고 있다는 것, 술 마시고 노는 것이 그날의 주된 분위기라는 것, 그리고 가톨릭과 성공회와 루터교회가 크리스마스를 경축한다는 것 등이었다. 미국 건국 초기의 청교도들은 크리스마스를 즐겁게 보내는 것을 금지하는 법안을 통과시키기도 했다. 반면 추수감사절에 대해서는 오히려 그것을 잘 기념하도록 장려했다. 1659년 법안은 다음과 같이 규정하고 있다.

> 축제나 휴무 등의 방식으로 크리스마스나 그 비슷한 날을 지키는 자들 … 그것을 위반한 자는 누구나 위반할 때마다 5실링의 벌금을 국가에 물어야 한다.

이러한 반대는 그리스도 탄생의 진정한 의미가 세속적인 축하 관례들 속에 묻혀버리지나 않을까 하는 염려에 그 뿌리를 두고 있다. 확실히 그 염려는 예언적인 것이었음이 증명되었다. 문제는 그러나 단지 이교적인 관습이나 세속적인 요소들에만 있는 것이 아니다. 더 큰 문제는 끊임없는 종교적 노래와 이야기와 오락들이 그리스도 탄생의 소박함과 겸손함을 압도할 정도로 절대적인 비중을 차지한다는 점에 있다. 우리가 익히 알고 있는 바와 같이 당시 예수님의 탄생에 주목한 사람은 거의 없었다.

그리스도의 탄생 사건은 경건한 상상력으로 인해 지나치게 미화되고, 천사들과 축복의 후광과 찬양의 노래들로 가득 차는 바람에 그 소박하고 궁벽한 환경들은 도무지 상상하기가 어려워졌다. 목동들과 동방박사들, 천사들, 동물들, 선물들, 어린 아이들의 가장 행렬, 그리고 화려하게 장식된 트리들로 꽉 채워짐에 따라, 그 날의 출생이 얼마나 외로웠는지 전혀 느낄 수 없게 되었다. 암소들과 당나귀들과 양들의 울음소리, 아베 마리아, 그리고 천사들의 할

렐루야 소리가 베들레헴으로부터 요란하게 울려 퍼진다. 그 고요했던 밤의 침묵은 전혀 들리지 않는다.

그러나 이 모든 것들에도 불구하고, 우리가 설교하고자 하는 하나님의 어리석음, 즉 신적인 어리석음의 일부는 여전히 남아 있다. 다만 그 이야기가 너무 친숙하고 크리스마스에 대한 그 모든 감정들 속에 너무 편안하게 감춰져 있으며, 그 시즌에 부여된 이교적이고 세속적이며 혹은 신성한 그 모든 것들로 치장되는 바람에 우리가 그 어리석음에 쉽게 주목하지 못할 뿐이다. 그리스도의 탄생은 매해 되풀이되는 평범한 사건이 되어버렸다. 그것은 더 이상 우리를 놀라게 하거나 우리의 흥미를 끌지 못한다. 우리는 그것이 얼마나 개연성이 적고 심지어 터무니없는 이야기인지를 망각한다.

훈련된 목사님의 부드러운 설교 말씀을 들은 우리는 경이로운 그 이야기를 마치 당연한 일인 듯이 생각하고 만다. 어떤 신비한 방식으로, 어느 가난한 시골 소녀가 아무런 특별한 중요성도 없는 식민지 변방에 위치한 작고 외진 마을의 말구유에서 낳은 한 아기에게 하나님이 특별히 임재하셨다. 임마누엘, 하나님이 우리와 함께 하신다. 이것은 그 어떤 신적인 어리석음인가?

이러한 계시가 "유대 사람에게는 거리낌이고, 이방 사람에게는 어리석음"(고린도전서 1:23)이었다는 사실이 이상하지 않은가? 그 누가 이것에 주목했겠는가? 그리스의 철학적 지혜나 유대의 메시아 사상은 이러한 비의적인 단서들과 정처 없는 유랑과정의 의미를 속속들이 밝힐 수 있고, 그 불가해한 인물 선택의 의미를 설명할 수 있을까? 그것은 하나님의 드러냄이라기보다는 하나님의 숨바꼭질에 가깝고, 계시의 하나님보다는 오히려 숨으신 하나님의 한 예인 것처럼 보인다.

동방박사들의 지혜

하나님을 (만약 찾을 수만 있다면) 찾고자 할 때 흔히 우리는 특별한 힘을 가지고 있거나 특별히 중요한 것들에 주목한다. 우리는 하나님의 영광을 암시할 만한 장소나 하나님이 임재할 만한 장소들을 곧장 생각하는 것이다. 우리는 우리 자신이 (심지어는 하나님까지도) 감동할만한 자격과 지위를 가진 사람들을 상상한다. 그러나 마태와 누가의 탄생 이야기에는 그런 것들이 존재하지 않는다. 오히려 그 반대이다. 그 이야기에서 우리는 그럴 것 같지 않은 사람들과 장소만을 발견한다. 우리는 왕가의 혈통이나 붉은 카펫이 깔린 궁전 대신에 농부들이나 짚으로 만든 침대와 뒷문을 볼 뿐이다. 그것이 바로 희극의 놀라움이다.

동방박사들은 서쪽 하늘에서 밝게 빛나는 별을 보고는 그것을 존귀한 탄생의 신호로 받아들였다. 그들이 자신들의 지혜에 따라 처음 찾은 곳은 어디였던가? 헤롯 왕의 궁전이었다. 현자들이 생각한 장소는 우리 모두가 흔히 그럴 것이라고 생각하는 장소였다. 그러나 성서에서 하나님이 반복적으로 나타나신 장소는 사람들이 찾던 곳이 아니다. 그것은 비천한 장소들, 외딴 장소들, 망각된 장소들, 경멸받는 장소들, 황폐한 장소들이었다.

하나님은 아브라함과 이삭과 야곱에게 나타나셨다. 그들은 외딴 사막의 변경에서 양을 치며 사는 배우지 못한 목자들이었다. 하나님은 또한 이집트 빈민굴과 노동자 숙소에 사는 노예들 가운데 나타나셨다. 하나님께서는 가이사가 사는 웅장한 로마는 말할 것도 없고 헤롯의 호사스러운 궁전과도 전혀 상관없는 식민지 팔레스타인의 피지배 백성들 가운데 나타나셨다. 성서가 말하는 하나님에 관해 확실한 것이 하나 있다면 그것은 아마도 다음과 같을 것이다. 일등석으로는 거의 다니지 않으시는 하나님!

우리는 하나님의 아들이 고귀한 태생의 메시아적 인물로 오실 것이라고 기대한다. 우리는 그 이름이 "놀라우신 조언자, 전능하신 하나님, 영존하시는 아버지, 평화의 왕이라고 불릴 것"(이사야서 9:6)이라고 확신할 수 있는 분을 기대한다. 그러나 우리는 그 시대의 사회정치적 질서의 맨 밑바닥에서 태어난, 광대한 로마 제국에서 멀리 떨어진 별로 중요하지 않은 변방 식민지의 예속된 백성들 가운데 살고 있는 한 아이를 볼 뿐이다. 심지어 지역 통치자의 저택이나 식민지 유대 왕의 궁전도 아니다. 가난한 마을 출신인 어느 목수의 어린 아내를 볼 뿐이다. 다른 유대사회와 비교해서도 비천했던 그 마을의 지위는 후일 예수님을 일컬어 "나사렛에서 무슨 선한 것이 나올 수 있겠소?"(요한복음서 1:46)라고 했던 나다니엘의 말에서도 짐작할 수 있다. 마리아는 이렇게 외치지 않았던가. "[하나님이] 이 여종의 비천함을 보살펴 주셨습니다."(누가복음서 1:48)

그 아기는 우아한 궁전이나 왕가에 딸린 별장은 말할 것도 없고 누추할지언정 자기 집도 아닌, 마리아와 요셉이 로마의 인구조사에 응하기 위해 힘겹게 갔던 베들레헴에서 태어났다. 그가 태어난 곳에는 하인도 의사도 없었고 산파도 시녀도 없었다. 요셉을 제외하고는 도와줄 이도 없었으며(그가 무슨 도움을 줄 수 있었겠는가), 뒷골목의 헛간 말고는 그들을 위한 공간이 전혀 없었다. 낮은 곳 중에서도 가장 낮은 곳이 아니라면 무엇이란 말인가. 참으로 그는 거름내 나는 곳에서, 짚더미 위에서, 짐승들 가운데서 태어났다. 동방박사들의 선물(황금과 유약과 몰약)은 얼마나 그 장소와 안 어울리는가! 좋은 천으로 만든 요람에 눕혀져서 은수저로 떠 먹여지는, 모든 것을 가진 아이에게나 어울리는 선물들. 그런 것들은 부자들에게 주는 부자들의 선물이다. 비록 좋은 의도로 준비되었고 예수님의 왕족 혈통에 적합하다 할지라도 그것은 아프리카의 굶주리고 집 없는 사람들에게 황금의 메달과 값비싼 향수와 레이스 달린 이브닝드레스를 주는 것과 같다.

이것이 하나님이 오셨던 방법이고 오시는 방법이다. 하나님은 초라하고 쓸쓸한 곳에, 어두운 때에, 작은 것들 가운데로 오신다.

여기에 인간의 강함보다 더 강한 하나님의 약함과 지혜로운 자들의 지혜를 파괴하고 총명한 자들의 총명을 아무 것도 아닌 것으로 만드시는 하나님의 어리석음이 있다. 수태 고지 후의 마리아 찬가는 그리스도 탄생의 본질뿐만 아니라 성서 이야기의 본질을 잘 보여준다.

> "그는 그 팔로 권능을 행하시고
> 마음이 교만한 사람들을 흩으셨으니,
> 제왕들을 왕좌에서 끌어내리시고
> 비천한 사람을 높이셨습니다.
> 주린 사람들을 좋은 것으로 배부르게 하시고,
> 부한 사람들을 빈손으로 떠나보내셨습니다."
>
> (누가복음서 1:51-53)

예수님의 가계가 다윗왕의 혈통으로 거슬러 올라감에도 불구하고, 복음서들이 그의 부모와 출생의 빈천한 환경을 힘들여 강조하는 까닭은 무엇일까? 우리는 전기적인 세부사항들 중 어떤 것은 미화하고 어떤 것은 축소하려는 시도가 조금은 있었을 것이라고 생각할지 모른다. 그 이야기는 탄생을 둘러싼 그 모든 불명료한 것들을 무시하고 그저 요한복음서의 웅장한 언어로만 제시되었을 수도 있었다. "그 말씀은 육신이 되어 우리 가운데 사셨다. 우리는 그의 영광을 보았다. 그것은 아버지께서 주신, 외아들의 영광이었다. 그는 은혜와 진리가 충만하였다."(요한복음서 1:14)

적어도, 예수님의 출생 장소, 가족, 고향 등의 매우 비천하고 굴욕적인 모습은 그럴듯하게 은폐될 수도 있었을 것이다. 이를테면, 예수님은 나사렛의 "꽤 괜찮은 가문" 출신이었으며 "상당히 유복한 환경"에서 태어났다고 넌지시 암시할 수도 있었을 것이다. 아버지 요셉을 "훌륭한 기술을 가진 목수"라고 찬미하거나 마리아와 요셉의 가족들을 "공동체에서 매우 존경받는 훌륭한 시민들"이라고 칭찬할 수도 있었을 것이다. 그들과 연관시킬 수도 있었을 갈릴리 인근의 호화스러운 로마식 목욕탕은 없었을까?

실제보다 더 그럴듯하게 꾸미려고 안달하는 사람들은 항상 존재한다. 『런던 타임스 매거진』에 광고된 어떤 책은 다음의 사실을 증명했다고 주장한다. (1)"예수님의 가족은 부유한 사람들이었다." (2)"제자들은 부자였고 영향력 있는 사람들이었다. … 단순한 어부는 없었다." (3)"마리아는 그저 순수하기만한, 촌구석 유대 소녀가 아니었다. 그녀는 사실 부자들과 어울리고, 파티에 참석하여 노래하고 춤추고 포도주를 마시곤 했다." (4)"영국 왕가의 혈족이 로마의 첫 번째 주교였다." (5)"예수님은 영국인의 후손이었다. 그의 할머니는 콘월 태생이었다. … 성모 마리아의 삼촌 무덤이 글래스턴베리에서 발견되었다." 『런던 타임스』의 광고는 책의 저자에 대해서도 자상한 배려를 잊지 않는다. "성공한 사업가이자 백만장자요,

기업가이자 많은 경영심리학 저서를 쓴 저자로 매우 잘 알려져 있다"며.[1]

그렇다. 복음서에 따르면, 영국의 왕가나 영국인 선조, 콘월이나 글래스턴베리에 대해서는 언급되지 않지만, 예수님이 왕족의 후손임은 분명하다. 『런던 타임스』는 그의 탄생을 사회적인 측면에서는 언급하지 않는다. 이와 관련해 말하자면, 제자들도 『팔레스타인 저명인 명부』나 『로마제국 유명인사 목록』에 올라있지 않기는 마찬가지일 것이다. 그들은 학위증서나 투자 포트폴리오가 없는 사람들로서 그저 어부, 목수, 세리, 급진적인 열심당원, 비숙련 노동자였다. 예수님은 이렇게 말하셨다. "여우도 굴이 있고, 하늘을 나는 새도 보금자리가 있으나, 인자는 머리 둘 곳이 없다."(누가복음서 9:58) 또한 예수님은 물고기 입에서 동전 하나를 꺼내서 세금을 내기도 하셨다. 이런 주머니 사정을 고려해 볼 때, 아마도 예수님이 영국 여행을 여러 번 하셨을 가능성은 거의 없을 것이다.

마태와 누가가 예수님에게 왕족의 가계를 부여하기 위해 열거한 계보들조차 사실은 일종의 "잡동사니"이다. 그 가운데 대략 삼분의 일 가량의 이름은 전혀 알려진 바가 없다. 그리고 또 다른 삼분의 일 정도는 유다왕국의 사악한 왕으로 악명 높은 이름들이다. 만약 우리가 마태의 계보를 취한다면, 다윗의 아들 솔로몬은 이미 매우 애매모호한 인물이다. 그는 부에 집착했으며, 수많은 이방 여자들을 후궁으로 둠으로써 이스라엘에 심각한 우상숭배를 초래한 인물이었다. 솔로몬의 아들 르호보암은 백성들을 혹사시킨 가혹한 군주였다. 역대기하는 그를 "주님의 율법을 저버린"(12:1) 자, "주님의 뜻을 찾는 일에 마음을 쓰지 않고, 악한 일을 한"(12:14) 자로 묘사하고 있다. 그의 손자 아사는 "일부 백성들을 학대하였다"(16:10)고 적혀있다. 아사의 손자 여호람의 통치에 대해서는 이렇게 평가된다. "그는 주님께서 보시기에 악한 일을 하였고"(21:6), "그의 죽음을 슬프게 여기는 사람도 없이 세상을 떠났다."(21:20) 여호람의 증손 아하스에 대해서는 "그는 주님께서 보시기에 올바른 일을 하지 않았다"(28:1)고 기록되어 있다.

백보 양보하여, 복음서가 전하는 그리스도의 탄생 이야기가, 부정적인 사항들을 감추려는 시도와 더불어 영웅 신화의 유행을 좇아 경이와 이적을 다 동원하여 미화된 것이라 할지라도 그리 놀랄 일은 아니다. 그러나 그러한 미화는 수태고지, 찬란하게 빛나는 별, 천사들의 합창과 같이 매우 억제되고 거의 사실적인 형식으로 이루어졌다. 예수님은 트럼펫이 울리고 영광의 불꽃이 타오르는 가운데 슈퍼 영웅의 권능과 위엄을 가지고 로마를 정복하는 모습으로 오신 것처럼 묘사되지 않는다. '이분은 어떤 메시아인가?'라고 묻는 자들이 있었다는 사실은 어쩌면 당연한 일이다. 복음서의 예수님은 영웅적인 구원자나 기름부음 받은 왕이 아니라, 이사야서 53장에서 묘사된 고통 받는 종의 모습에 더 가깝다.

그는 주님 앞에서, 마치 연한 순과 같이,

마른 땅에서 나온 싹과 같이 자라서,

그에게는 고운 모양도 없고, 훌륭한 풍채도 없으니,

우리가 보기에 흠모할 만한 아름다운 모습이 없다.

그는 사람들에게 멸시를 받고, 버림을 받고, 고통을 많이 겪었다.

그는 언제나 병을 앓고 있었다.

사람들이 그에게서 얼굴을 돌렸고, 그가 멸시를 받으니,

우리도 덩달아 그를 귀하게 여기지 않았다.

(이사야서 53:2-3)

이러한 표현은 서사시의 힘센 영웅들이나 드라마의 고상한 주인공들 혹은 신화의 전설적인 영웅들에는 어울리지 않는다. 그것은 승리자가 아닌 패배자에 대한 묘사이다. 가난한 자들과 연약한 자들, 고난 받는 자들에게나 주어질 법한 표현인 것이다.

사회의 밑바닥

마태복음서과 누가복음서에서 드러난 사실은 그 출생을 주목한 사람들이 거의 없었다는 것이다. 베들레헴의 여인숙 주인이 마지막으로 한 말은 방이 없다는 것이었다. 그날 밤 여관에 북적댔던 사람들은 흥겹게 떠들며 놀거나 잠을 자고 있었다. 누구도 만삭을

한 젊은 여자의 상황은 안중에 없었다. 출산을 알리는 첫 소식을 열망하며 밖에서 기다리는 무리도 존재하지 않았다. 마을 원로들의 환영도 없었다. 그 어느 제사장이나 서기관, 바리새인이나 사두개인도 그 순간을 인지하지 못했다. 그 사건이 가이사의 궁전은 말할 것도 없고, 로마 총독의 관저에도 미세한 잔물결 하나조차 일으키지 못했음은 분명하다. 근처 언덕에서 온 소수의 목동들과 1년이나 늦게 도착해서는 결국 다른 집의 문을 두드리고 말았던 먼 나라의 몇몇 천문학자들만이 그 출생을 주목했다.

예수님의 탄생은 동방박사들의 실수로 인해 헤롯 왕의 주목을 끌게 되었다. 그러나 위대한 탄생에 경의를 표하겠다던 헤롯 왕의 약속은 지켜지지 않았고, 마리아와 요셉은 어린 남자 아이들을 다 죽이려는 헤롯 왕의 음모를 피해 아기 예수를 데리고 이집트로 도망가야 했다. 이러한 상황에서는 천사들의 할렐루야가 오히려 차갑고 무기력하게 들린다.

> "더없이 높은 곳에서는
> 하나님께 영광이요,
> 땅에서는
> 주님께서 좋아하시는 사람들에게
> 평화로다!"
>
> (누가복음서 2:14)

예수님의 유년기와 청년기는 특별하지도 않았거니와 주목받지도 못했다. 오직 두 사람만이 예수님이 8일 후 성전에서 할례를 받을 때 그의 탄생을 인정했다고 기록되어 있다. 한 사람은 성전 근처에 살았던 늙은 여예언자 안나였고, 다른 한 사람은 시므온이라고 하는 노인이었다.(누가복음서 2:25-38) 이를 제외하면, 사역 이전까지의 기록은 예수님이 열두 살 때 성전에서 지혜로운 대답으로 선생들을 놀라게 했다는 간결한 언급이 전부다. 그가 사역을 시작하기 전까지는 아무도 그에게 특별히 주목하지 않았다. 어린 시절 예수님은 아마 평범하고 간단한 가구들을 만들면서 자기 아버지의 목공소에서 도제로 일을 했을 것이다. 좀 더 후에 젊은 청년이 되었을 때에도, 그는 홀로 남은 어머니와 어린 동생들을 돌보기 위해 목수 일을 계속 했을 것이다. 우리는 예수님의 초기 삶의 대부분을 알지 못한다. 아마도 예수님 당대의 그 누구도 마찬가지였을 것이다.

신앙심이 개입하면서, 사람들은 예수님의 이미지를 비천한 출생과 평범한 삶으로부터 구해내기 위해 이런 공백을 경이로운 이야기로 채워 넣기 시작했다. 도마복음서와 같은 위경들은 진흙으로 새를 만들어 날게 했다는 식의 출처가 불분명한 이야기들을 전한다. 그러나 예수님의 초기 삶은 여전히 상대적으로 비중이 낮고 덜 중요한 것으로 남아 있다. 30년 동안 예수님은 나사렛이라는 작은 마을에서 전형적인 하층 계급의 젊은이로서 상자나 걸상을 만들면서 평범한 삶을 살았다. 그러나 그러한 공백과 주목받지 못함과 모호함과 하찮음은 그 자체로 의미심장하다.

이야기는 왜 그리 단순하고, 환경은 또 왜 그렇게 비천한가? 그것의 효과를 실마리로 삼자면, 이유는 다음과 같을 것이다. 제 아무리 가난하거나 힘이 없거나 억압을 받고 있다 할지라도 이 아이와 자신을 동일시할 수 있다는 것이다. 그 누구도 그 앞에서 주눅이 들거나 불안을 느낄 수 없을 것이다. 아무도 이 삶과 이 이야기를 자기와 동떨어진 것으로 방관할 수 없을 것이다. 예수님은, 마치 우리가 때때로 차가운 물에 발가락만 담그고는 수영한다고 말하는 것처럼, 인간 조건에 거의 발 담그지 않은 그런 분으로 묘사되지 않는다. 복음서가 전하는 예수님의 모습은 인간의 조건에 완전히 푹 잠기신 분의 그것이다. 그는 인간 삶의 심연 속으로 깊숙이 뛰어드셨다.

예수님이 외롭지 않았다면 그 누가 외로울 수 있겠는가? 예수님이 무시 받지 않은 것이라면 누가 무시 받은 것일 수 있겠는가? 예수님이 가난하지 않았다면 누가 가난할 수 있겠는가? 예수님이 억압받지 않았다면 그 누가 억압받은 것일 수 있겠는가? 예수님이 머리 둘 곳이 없는 이가 아니라면 누가 머리 둘 곳이 없겠는가? 예수님이 멸시받고 거부되지 않았다면 누가 멸시받고 거부될 수 있겠는가? 예수님이 학대받지 않았다면 누가 학대받을 수 있겠는가? 예수님이 고난당하지 않았다면 누가 고난당할 수 있겠는가? 예수님이 배반당하고 조롱당하고 죽임당하지 않았다면 누가 배반당하고 조롱당하고 죽임당할 수 있겠는가? 이렇게 외치신 예수님이 버림받은 게 아니라면 그 누가 버림받은 사람이겠는가? "나의 하나님이여, 나의 하나님이여, 어찌하여 저를 버리시나이까?"

혹자는 인도의 위대한 지도자 마하트마 간디가 대중을 대했던 방식을 떠올릴 수 있을 것이다. 간디는 자신이 복음서의 영향을 많이 받았으며 그리스도의 삶에 깊은 감동을 받았다고 고백했다. 그는 이렇게 말했다. "만약 기독교인들이 없었다면 나 자신이 기독교인이 되었을 것입니다!" 아이러니컬하게도, 그리스도의 삶을 닮은 가장 뚜렷한 20세기의 예를 꼽자면 그것은 바로 이 힌두교인 마하트마("위대한 영혼")일 것이다. 간디는 인도의 핵심 지도자가 되고 국제적인 명망가가 되었을 때조차도 계속해서 가장 검소한 농부의 옷을 입었으며, 안경과 필기구와 몇 권의 책을 제외하고는 거의 재산을 소유하지 않았다. 대부분의 시간을 그는 자동차나 기차를 타지 않고, 가난한 사람들이 그랬듯이 걸어서 다녔다. 그가 무언가를 탔을 때면 주로 붐비는 3등 칸을 이용했다. 당시의 인도 사람들도 대개 보통석에 타는 것이 일반적이었다. 간디는 대중 위에 오만하고 호사스럽게 군림한 것이 아니라, 그들과 동일시하고 그들의 환경을 공유하면서 그들을 이끌었다.

간디의 위대한 면 중의 하나는 그가 인도의 불가촉천민들조차 자기 아래 두지 않고 자기 앞에서 불편함을 느끼게 하지 않았다는 점이다. 인도의 다른 지도자들은 아무데나 가고 무엇이든 최고급으로만 하면서 대중으로부터 멀리 떨어진 대저택에서 살았지만, 간디는 누군가가 자기보다 더 낮아지는 것을 용납하지 않았다. 높은 신분에 속한 다른 명사들은 불가촉천민들을 나병환자 대하듯 했지만, 간디는 그들과 함께 살면서 그들과 동행했을 뿐만 아니라 그들에게 새로운 존엄성과 새로운 이름을 부여했다. 그는 그들을 하리잔harijans, 즉 "하나님의 백성"이라고 불렀다. 이것이 간디의 어리석음이었다. 인도의 지혜롭고 고귀하고 힘 있는 사람들은 종종 그의 어리석음을 비판하곤 했다.

성서의 하나님 또한 이와 비슷하다. 하나님은 창세기부터 요한계시록에 이르기까지 3등석으로 다니셨다. 하나님은 바로의 가마나 왕들의 교통수단이나 전쟁 영웅들의 마차를 타지 않으셨다. 하나님은 이집트의 노예들과 바빌론의 포로들과 로마의 피식민지 백성들과 더불어 걸으셨다. 그리고 하나님은 이런 사람들을 일컬어 선택된 백성, 곧 "하나님의 백성"이라고 부르셨다. 이것이 하나님의 어리석음이다. 하나님의 어리석음은 인간의 지혜보다 더 지혜롭고, 하나님의 약함은 인간의 강함보다 더 강하다.

왕자와 거지

거기에는 그러나 또 다른 차원이 존재한다. 예수님은 배타적으로 낮은 자들과만 동일시되지 않는다. 신분이 높고 힘 있고 지혜롭다고 해서 전적으로 배제되지는 않는다. 그러한 사람들도 다른 이들과 기꺼이 나란히 서기를 소망한다면, 다른 사람들과 똑같이 받아들여질 수 있다. 성서는 이런 점에서 매우 평등주의적이다. 예수님은 결국 다윗의 가계와 혈통에 속하는 분으로 언급된다. 그는 고귀한 출생과 왕가의 약속에 대한 그 모든 표현들이 적용될 수 있는 왕자이기도 하다.

> 한 아기가 우리를 위해 태어났다.
> 우리가 한 아들을 모셨다.
> 그는 우리의 통치자가 될 것이다.
>
> (이사야서 9:6)

복음서가 말하는 예수님은 단순히 그리고 전적으로 가난한 자들과 억압받는 자들의 신분만으로 정의되는 분이 아니다. 그는 오히려 모든 범위의 인간을 대표하는 분으로 표현된다. 사회 질서의 최상층에 속하던 최하층에 속하던 그 누구도 예수님의 삶 바깥에 있을 수 없다. 권력이 있든지 없든지, 중요하던 중요하지 않던, 위대하던 위대하지 않던, 모든 사람들은 이 한 분 안에 전부 포괄된다. 예수님은 고귀한 출생에 속하지만 자신의 머리를 둘 곳이 없는 분이다. 그는 다윗의 가계와 혈통에 속하지만, 말구유에서 태어난다. 위로는 찬란하게 빛나는 별과 천사들의 코러스가 있지만, 아래로는 짚과 더러움과 거름 냄새가 있다.

깨달음이라는 것이 종종 그렇듯이, 내가 이러한 것을 처음으로 깊이 생각하게 된 것은 채플린의 무성영화의 한 장면을 보고나서였다. 이 얼마나 기묘한 신학 교과서인가! 여러 해 동안 채플린은 역설적인 성격의 한 방랑자를 통해 관객들을 사로잡았다. 짧게 자른 콧수염, 창백한 얼굴에 깃든 영혼의 눈빛, 초라하지만 우아한 의상, 쾌활한 펭귄 걸음걸이, 온통 먼지를 뒤집어썼지만 품위 있는 채플린의 방랑자는 세상에서 가장 사랑받는 캐릭터 중의 하나가 되었다. 어느 날 문득 나는 찰리의 비밀이 무엇이었는지 분명하게 깨닫게 되었다. 그것은 매우 성서적이었다. 채플린의 방랑자 캐릭터 속에는 중절모와 연미복과 영국 귀족풍의 나비넥타이와 함께 헐렁한 바지와 해어져 퍼덕거리는 구두와 빈민굴 부랑자의 단정치 못한 모습이 한데 뒤섞여있다. 그는 단순한 부랑자가 아니라 신사-부랑자였다. 사회의 최상층과 최하층이 신사이자 부랑자이고, 중요한 사람이자 동시에 하찮은 사람인 한 인물 안에 모두 포함되어 있었다. 인간 범주의 양 극단이 가냘픈 한 인간 안에 병치되고 통합되었다. 이것이 채플린 코미디의 정수였다.

기본적으로 찰리는 공원 벤치나 간이 숙박소나 경찰서에서 잠을 자는 부랑자였다. 그는 가난한 자들과 집 없는 자들, 고아들과 도망자들, 뜨내기 노동자들, 실업자들과 굶주린 자들 사이에서 살았다. 이는 1914년부터 1940년 사이에 나온 그의 영화 대부분에서 등장하는 세계이다. 그것은 그가 케닝턴이라는 런던 빈민굴에서 살았던 어린 시절의 세계였다. 그러나 부랑자의 일그러진 모습 속에는 또 다른 측면이 숨어 있었다. 채플린의 방랑자는 비록 낡았지만 턱시도를 입었고, 세련되고 재산이 많은 사람의 역할도 능숙하게 해낼 수 있는 신사이기도 했다. 여기저기 기운 자국과 주름이 있었음에도 불구하고, 그는 아름답고 우아하고 매너 있는 사람이었다. 그는 숙녀들에게는 물론이고 아기들과 암소들과 울타리 말뚝들에게도 모자를 기울여 인사를 건넸다. 그는 가장 빈곤한 순간에조차 억누를 수 없는 품위와 스타일을 소유하고 있었다.

　이것이 그의 영화가 그처럼 폭넓게 사랑받을 수 있었던 이유이다. 채플린은 전체적인 인간 조건을 꼭대기에서 바닥까지 상징적으로 구체화시키는 데 성공했다. 로버트 페인Robert Payne의 표현처럼, 채플린은 "한 사람의 허약한 육체 속에 깃든 전全 인간의 코미디"였다.[2]

　아무도 그의 코미디 바깥에 설 수 없고, 그 누구도 배제되지 않았다. 채플린은 방랑자 캐릭터를 통해 인간 존재의 모든 수준들을 포괄하는 거대한 괄호를 쳤던 것이다. 그의 인격과 행위 속에 모든 사람들이 포괄되어 있었기 때문에 모두가 그와 동일시 할 수 있었다.

이와 유사한 방식으로 복음서에는 예수님이 왕이자 평민이었고, 농부들 사이에서 태어난 왕족이었으며, 왕자이자 거지였음이 강조된다. 그 안에 모든 신분들이 포함되고 통합된다. 모든 장벽들이 허물어진다. 누구도 그의 삶의 테두리 바깥에 설 수 없고, 아무도 그의 화해로부터 소외되지 않는다. 베들레헴의 아기 예수를 방문했던 두 개의 대조적인 집단들, 즉 목동들과 동방박사들의 상징적인 의미는 바로 이와 같은 것이 아닐까?

목동들은 우리의 상상력을 극대화하는 독특한 위치를 차지해왔다. 예수님의 출생 장면과 우리의 크리스마스 야외극은 그들의 존재로 인해 생생하고 다채롭게 꾸며질 수 있었다. 예수님 또한 "주님은 나의 목자"라고 묘사한 시편기자의 언급에서와 같이 어린 양을 부드럽게 안고 있는 목자로 묘사되기도 한다. 그러나 예수님 시대의 목자는 비천한 직업에 속했다. 로마 제국이라는 더 큰 맥락에서 보자면, 그것은 더욱 비천한 직업이었다. 유대인의 전통이 목자였던 아브라함과 이삭과 야곱에까지 거슬러 올라가고, 성서의 이곳저곳에 목자와 양이 등장함은 분명한 사실이다. 그러나 목자들의 삶은 고대 문명의 변경에 위치했다. 그들은 역사의 큰 흐름에서 비켜있었으며 당대의 거대한 사회정치적 추세들과 무관한 삶을 살았다.

그날 밤 베들레헴 인근의 언덕에서 내려온 목동들은 로마 식민지인 이스라엘의 보다 큰 이슈들과 흐름들에서 완전히 벗어나 있었던 사람들이었다. 그들은 그 공동체에서 거의 영향력이 없는 사람들이었다. 거의 아무런 교육도 받지 못했던 그들은 아마도 글을 읽거나 쓸 수 없었을 것이다. 그들이 로마의 시인인 베르길리우스와 오비디우스, 그리스의 철학자인 플라톤과 아리스토텔레스, 유명한 극작가인 아이스퀼로스와 소포클레스 등에 대해서는 생판 들어본 적도 없었으리라는 것은 확실하다. 그들이 가장 멀리 여행한 것이라고는 몇 마일도 채 안 되는 예루살렘까지가 고작이었을 것이다. 그들은 단순하고 비천한 삶을 사는 단순하고 비천한 사람들이었다. 그들은 그러나 아기 그리스도를 처음으로 발견한 사람들이었다.

동방박사들은 목동들과 놀라운 대조를 보여준다. 설령 그들이 크리스마스 캐럴에 등장하는 "동방의 세 왕들"이 아니라 할지라도, 그들은 왕에게 잘 대접받았을 뿐만 아니라 왕의 의논 상대가 되기도 했다. 메소포타미아나 페르시아의 제사장들(현자들)인 그들은 매우 높은 교육을 받았으며, 세련되고 영향력이 있는 사람들이었을 것이다. 그들의 학식과 성직자다운 행동의 상당 부분은 점성술에 근거를 두고 있었을 것이다. 그들은 2년 동안 사막을 여행하고 값비싼 선물들을 가져올 수 있을 만큼 아주 부유했다. 점성술사들인 그들은 유난히 반짝이는 별 하나를 보고 서쪽에서 어떤 중요한 인물의 고귀한 탄생이 있을 것임을 직감했다. 그들은 경의를 표하기 위해 길을 떠났다. 그들의 입장에서 보자면, 그런 탄생이 왕궁에서 일어날 것이라고 기대한 것은 당연한 일이었다. 설령 그들이 정확한 위치를 파악하지 못했고 그들의 시선을 보다 비천한 곳으로 돌리지 못했다 할지라도, 그들 또한 아기 그리스도를 발견할 수 있었다. 역설적인 면을 지닌 그리스도 탄생의 비천한 장소는 동방박사들을 완전히 배제하지는 않는다. 그러나 다른 태도와 이해가 필요했다. 그들은 하나님의 어리석음을 위해 인간의 지혜를 포기해야 했던 것이다.

더욱 폭넓은 관점에서 보면, 그 탄생 이야기는 15세기 영국의 어느 도덕극이 "에브리맨Everyman"(15세기 영국에서 유행한 도덕극의 제목이자 주인공 이름이기도 하다—역주)이라고 불렀던 것도 포함한다. 다윗 왕가에 속하시는 예수님은 베들레헴의 한 구유에서 태어나고, 평범한 거친 옷을 입은 목동들과 부유하게 차려입은 현자들의 방문을 받는다. 예수님 안에서 부와 가난, 왕족과 농민, 학식과 무지 사이의 대립들이 통합되고 초월된다. 예수님의 탄생으로 말미암아, 우리가 중요하게 취급하고 우리 삶의 대부분을 쏟아 붓는 그런 인간적 구분들이 희미해지고 급기야 사라지게 된다. 하나님 앞에 선 공통의 인간성이 이 아이의 임재 속에서 긍정되고 찬양된다. 그리스도 안에서는 "유대 사람도 그리스 사람도 없으며, 종도 자유인도 없으며, 남자와 여자가 없다."(갈라디아서 3:28)

적대적인 경계선 사이에서

대립물의 화해라는 이 주제는 또 다른 맥락에서도 등장한다. 천사들은 이렇게 합창했다. "땅에서는 주님께서 좋아하시는 사람들에게 평화로다."(누가복음서 2:14) 이런 노래가 그 때나 지금이나 유다의 계곡들에 울려 퍼지다니 이 얼마나 역설적인가! 평화가 전에도 없었고 현재도 없는 그곳에, "사람들에게 평화"라니. 그 "큰 기쁨을 주는 좋은 소식"은 끝임 없이 갈등하는 힘들 한복판에서 울려 퍼진다. "평화"와 "좋은 소식"과 "큰 기쁨"은 전차들과 로마 군단과 전쟁무기들 한가운데 주어진다. 전쟁의 한복판 속에 무엇이 전해지는가? 호기심 많은 목동들과 우적거리며 여물을 씹는 가축들의 보호 속에서 구유에 누워있는 기저귀 찬 한 아이. 이것이 하나님이 오셨던 방법이고 하나님이 오시는 방법이다.

남북전쟁이 거의 끝나갈 무렵, 남군과 북군이 리치몬드 외곽에서 격렬하게 싸우고 있었다. 그런데 어느 날 저녁 남군은 발포를 멈추고 자신들의 전선을 따라 큰 화톳불을 피우기 시작했다. 북군 초병들은 무슨 이유 때문에 그러는지 전선 너머로 소리쳐 물었다. 유쾌한 대답이 돌아왔다. 조지 피켓George Pickett 장군의 아내가 한 아기를 낳았고, 지금 그것을 축하하고 있다는 것이었다. 이 소식을 전해들은 북군의 그랜트 장군은 부하들에게 그 축하에 동참하라고 명령했다. 그리하여 남군과 북군의 양쪽 경계선을 따라 화톳불 불꽃들이 춤을 추며 어두운 밤하늘로 날아올랐다. 전쟁에 지친 사람들이 축하의 건배를 하면서 노래를 부르고 서로 즐겁게 이야기를 나누었다. 참호 속에서는 총성이 아니라 웃음소리가 들려왔고, 부상자의 신음소리가 아니라 노랫소리가 울려 퍼졌다. 양쪽 군인들은 각자의 고향과 가족을 생각했고 그들을 다시 볼 수 있게 되기를 꿈꿨다.

　한 아기가 잠시나마 그 전쟁을 멈추게 했다. "땅에서는 주님께서 좋아하시는 사람들에게 평화로다!" 라는 작은 메아리가 그 밤하늘에 울려 퍼졌다. 새로 태어난 아기의 순수함, 탄생의 기쁨, 삶과 사랑에 대한 찬가가 순식간에 어른들의 이기심과 완고함과 잔혹함의 더러운 세계로부터 그 병사들을 돌려세웠다. 그들 간의 큰 차이, 다시 말해 전쟁이 유일한 해결책이 될 수밖에 없었던 원한과 증오는 그런 것들을 전혀 모르고 그런 것들에 전혀 참여해본 적이 없는 한 아기의 현존 앞에서 부드럽게 녹아버렸다. 잠깐 동안이나마, 죽음과 파괴의 어둠 속에 있던 적대자들이 서로 화해하고 적대적인 경계선들을 넘어서 함께 축하했다.

　이 또한 군사적인 힘과 영웅적인 행위가 아니라 가나안의 전쟁터 한복판에서 태어난 한 아이의 연약하고 무기력한 모습으로 오시는 하나님의 어리석음이다. 이러한 아기 예수의 임재 앞에서 우리는 아이처럼 되는 것 외에 과연 무엇을 할 수 있을까? 아이처럼 되는 것은 조금 덜 증오하고 조금 더 사랑하는 것, 조금 덜 이기적으로 살고 조금 더 관대해지는 것, 그리고 조금 덜 의심하고 조금 더 순수해지는 것이다. 그렇게 되면 이사야의 예언이 마침내 실현될지도 모른다. "그 때에는, 이리가 어린 양과 함께 살며, 표범이 새끼 염소와 함께 누우며, 송아지와 새끼 사자와 살진 짐승이 함께 풀을 뜯고, 어린 아이가 그것들을 이끌고 다닌다."(이사야서 11:6)

사회 예법 안내서

이런 의미에서 진정 희극적인 사회는 다름 아닌 교회일 것이다. 그 어떤 조직이 "누구든지 와도 좋다"는 구절을 헌장에 명시할 수 있겠는가? 그 어떤 조직이 죄를 고백함으로써 모임을 시작하고 공동의 죄성을 기초로 소속감을 발전시키겠는가? 다른 어떤 조직이 회원들을 초대해서 하나님과 서로서로의 앞에 겸손한 자세로 무릎을 꿇거나 머리를 숙이게 하겠는가?

한가할 때면 가끔 나는 옛날 책들을 여기저기 뒤적거리곤 한다. 케케묵은 냄새, 누런 책장들, 예스런 멋을 풍기는 구절들이 한 시대로부터 흥미를 자아내며 우리에게 손짓한다. 그 시절에는 이런 어휘화 주제들을 중요하게 여겼구나…. 어떤 진기한 것들과 마주치게 될지 우리는 전혀 예상할 수 없다.

이것저것 뒤적거리던 나는 어느 날 에밀리 포스트Emily Post가 쓴 『에티켓—사회 예법 안내서』 초판을 뽑아들었다. 나는 사회적 예의범절을 그다지 세심하게 신경쓰는 사람도 아니었고, 상류사회 출신도 아니었다. 그러나 그 책에서 설명하고 있는 적절한 사회적 행위라는 것들이 나에게는 매우 흥미롭게 느껴졌다. 에밀리 포스트는 1920년대부터 1940년대까지 에티켓에 관한 한 탁월한 권위자였다. 에티켓에 대한 그녀의 언급은 일종의 경전처럼 받아들여졌다.

경건하다고 할 정도는 아니었지만 상당한 기대감을 가지고 나는 세속의 지혜에 관한 이 신성한 책을 펼쳐들었다. 그 책에는 고상한 사람들이 교제해야 할 사람들과 교제하지 말아야 할 사람들에 대한 조언이 실려 있었다. 에밀리에 따르면, 모름지기 파티를 여는 사람은 "화려하게 잘 차려입은 상류층 사람들의 모임"을 목표로 삼는 것이 마땅한 일이었다. 이를 확실히 하기 위해 그녀는 엄격한 경고의 말을 덧붙이고 있었다. "사회 주변의 초라하게 차려입은 여자들frumps을 잡다하게 초대하는 여주인은 그리 좋은 결과를 기대할 수 없다."[1]

세련된 상류사회에 속하지 못하는 나는 프럼프라는 단어를 찾아봐야 했다. 에티켓에 관한 또 다른 경전이라고 할 수 있는 『펑크와 와그날의 규범 사전』에 따르면, 프럼프는 "촌스럽게 옷을 입은 dowdily dressed" 사람이란 뜻이다. 세련된 사회와는 거리가 먼 나로서는 촌스럽게dowdily라는 말도 찾아봐야 했다. 내가 찾아낸 "촌스럽게 옷을 입은 사람"이란 말의 의미는 "옷을 잘못 입은, 단정하거나 세련되지 않은, 스타일이 나쁜, 초라한" 사람을 뜻했다. 확실히 우리 주변에는 여기저기 어슬렁거리거나 어딘지 모르게 불온해 보이는 그런 사람들이 거의 눈에 띄지 않는 것 같다. 그들은 우리의 눈과 마음 외부에 머물러야 하고, 그들의 실제적인 존재 뿐만 아니라 통계학적 존재까지도 가능한 한 부인되어야 한다.

사회 예법 안내서

하나님의 잔치

성서와 『사회 예법 안내서』는 분명 서로 다른 세계에 속한다. 그 주제와 관련하여 예수님도 약간의 조언을 주셨던 적이 있다. 그것은 매우 상이한 결과를 보여준다. 누구를 파티에 초대해야 하고 또 누구를 초대해서는 안 되는지에 대해 예수님은 이렇게 말씀하셨다. "네가 점심이나 만찬을 베풀 때에, 네 친구나 네 형제나 네 친척이나 부유한 이웃 사람들을 부르지 말아라." 그리고 이렇게 충고하셨다. "잔치를 베풀 때에는, 가난한 사람들과 지체에 장애가 있는 사람들과 다리 저는 사람들과 눈먼 사람들을 불러라. 그리하면 네가 복될 것이다. 그들이 네게 갚을 수 없기 때문이다."(누가복음서 14:12-13)

세속적 가치의 지혜로움과 신적인 가치의 어리석음의 차이가 이보다 더 분명하게 표현될 수는 없을 것이다. 그럼에도 불구하고, 이 차이를 그렇게 분명하게 구분하는 교회를 보기란 쉽지 않다. 우리의 잔치나 만찬에 친구들과 친척들과 부유한 이웃들을 초대하지 않고 누구를 초대할까? 주일 아침의 보통 교회들이 "화려하게 잘 차려입은 상류층 사람들의 모임"이 아니라면 무엇이란 말인가? 실상 교회는, 프리메이슨 지부와 청년연맹과 컨트리클럽과 더불어, 중산층 이상의 사람들이라면 반드시 가입해야 할 사회단체 가운데 하나로 언급되고 있지 않은가?

예수님은 이렇게 말씀하셨다. "부자가 하나님 나라에 들어가는 것보다 낙타가 바늘귀로 지나가는 것이 더 쉽다."(마태복음서 19:24) 많은 교회에서는 그러나 그 반대가 진리가 될 때가 더 많다. 교회에 입회하기도 더 쉽고, 높은 자리를 차지하기도 더 쉬우며, 제멋대로 만든 규정에 따라 공동 예배를 좌지우지하기도 더 쉬운 사람들은 부자들이다. 제3세계 신학자들이 서구의 부유한 교회들에게 일깨워 주었듯이, 우리는 여러 인종들로 구성된 잡다하고 촌스러운 사람들을 대하는 일에는 큰 불편함을 느낀다. 그들은 우리에게 불편하고, 불안하고, 아마도 역겨운 느낌을 줄 것이다. 우리는 실업, 가난, 억압과 같은 문제들이 아니라, 누군가의 성공 이야기를 늘어놓으며 들뜬 기분에 젖어있는 것을 더 좋아한다. 가난하고 고통 받는 이들의 문제들은 즐거운 기분을 망칠 뿐만 아니라, 우리의 사업에도 좋지 않다. 만약 우리가 팔을 뻗어 풍요로움으로부터 소외된 사람들을 껴안으려 한다면, 우리가 속한 공동체에서 우리의 신분이나 자기 이미지를 어떻게 유지할 수 있겠는가? 우리가 스테인드글라스 창문과 냉방 시설을 갖춘 예배당과 벨벳 의자 쿠션과 값비싼 플러시 천으로 만든 양탄자에 투자하지 않고 실제로 가난한 사람들에게 돈을 주려고 한다면, 에밀리 포스트의 표현대로 우리는 그다지 좋은 결과를 기대할 수 없지 않은가!

그러나 드물지 않게 우리는 우리를 고무시키는 예외적인 일들에 대해 듣곤 한다. 1980년대 중반, 가뭄이 닥친 에티오피아에 기근이 확산되고 있다는 소식이 널리 알려지게 되었을 무렵이었다. 켄터키 주 벨프리에 위치한 교인이 약 400명쯤 되는 한 침례교회는 에티오피아 사람들을 돕는 일에 20만 달러를 보냈다. 이 교회는 부족함이 없는 부유한 지역의 부유한 교회가 결코 아니었다. 사실 이 교회는 교회의 장래를 위해 저축하는 것도 힘겨운 상황이었다. 그리고 이 교회는 교회의 연간 예산이나 교세 확장을 위해 습관적으로 모금 운동을 벌이지도 않았다. 확실히 그 교회는 신앙이나 관대함과 같은 구식 원칙에 충실했다. 어느 익명의 기부자가 그 교회에 12만 5천 달러를 적당한 곳에 쓰라고 내놓았을 때, 그 교회 집사들은 예배당을 더 아름답게 꾸미거나 건물을 증축하는데 쓰지 않고 굶주리는 에티오피아를 돕기 위해 10만 달러를 보내기로 결정했다. 그들의 사심 없는 선행을 나중에 전해들은 기부자는 기아 구제를 위해 10만 달러를 추가로 기부했다!

그런데 누가 켄터키 주 벨프리에 있는 퍼스트침례교회에 대해 들어본 적이 있을까? 켄터키 주 벨프리라는 지역에 대해 들어본 적이나 있을까? 우리는 수백만 달러의 예산을 사용하고, 경이로운 건물들을 소유하고 있으며, 최신식 전자 장비를 갖추어 화려한 종교적 볼거리를 만들어내는 미국의 대형교회들에 대해서는 익히 들어서 잘 알고 있다. 그런데 켄터키 주 벨프리는?

전통의 가치를 지키고 국민의 도덕성을 수호한다는 그럴듯한 허풍에도 불구하고, 세속의 가치로 가득한 세속적 기독교는 이미

교계에서 흔한 모습이 되어버렸다. 그러나 종교적 문제는 우리가 "보수적"인지, 그리고 "미국의 길을 수호하고" 있는지의 여부에 달려있는 게 아니다. 중요한 것은 우리가 실제로 도덕성과 성서의 가치를 보존하고 있는지의 여부이다. 캐딜락(미국의 고급 승용차—역주) 사역, 종교적 엔터테인먼트, 감정적 방종, 호사스러운 교회 건물, 사치스러운 모임, 기업의 성공담, 성조기 게양 등은 성서적인 방식과 반드시 일치하는 것은 아니다. 구경꾼의 입장에서 보면 우리 시대의 기독교인들이 예수님의 제자로 부름을 받은 건지, 아니면 에밀리 포스트의 제자로 부름을 받은 건지 궁금해 하는 것도 당연할 것이다.

너무 많은 우리의 교회들이 피터 드브리즈Peter DeVries의 『매커럴 광장The Mackeral Plaza』(1950년대 출판된 미국의 코믹소설—역자)에 등장하는 그 현대적이고 진보적인 교회와 비슷하다. 그 교회는 휴게실과 체육관뿐만 아니라 극장, 무도장, 정신과상담실 등을 갖추고, "한쪽 끝에 작은 예배 공간"이 있는 교회였다.[2] 워커 퍼시 Walker Percy 또한 성공에 눈이 먼 미국식 교회의 모습을 그와 비슷한 방식으로 풍자했다. 그에 따르면, 최악의 울트라근본주의는 최악의 세속적 인본주의와 공통점이 많다. 『폐허 속의 사랑Love in the Ruins』에서 묘사된 이 두 극단은 동일한 물질적 목표를 추구하고, 교외의 같은 지역에 살며, 똑같은 증권 중개인과 거래하고, 동일한 가치와 열망을 공유하며, 지역 단체에 함께 참여하고, 같은 컨트리클럽과 테니스 동호회에 다닌다.[3] 퍼시가 보기에, 세속적인 인본주의자들과 세속적인 기독교인들 사이의 주된 차이는 한 가지뿐이다. 일요일에 기독교인들이 옷을 잘 차려 입고 교회에 간다면 인본주의자들은 낡은 옷차림으로 새를 관찰하러 간다는 것!

물론 이것이 현대 미국 교회에 국한된 문제는 아니다. 니사의 그레고리우스(기원 4세기에 활동한 신학자, 성서주석가—역주)는 풍족함을 추구하는 신앙심을 비판하는 설교를 했다. 그의 설교 주제는 "우리에게 일용할 양식을 주옵시고" 라는 주기도문의 세 번째 기도였다. 그는 기독교인들이 "양식"을 너무 자의적으로 해석한 나머지 예수님께서 우리가 원하는 모든 것들을 약속하셨다고 속단해서는 안 된다고 강조했다. 그는 자신의 청중을 유머러스하게 꾸짖었다.

> 그래서 우리는 하나님께 기도합니다. 저희에게 양식을 주옵소서. 진수성찬이나 부가 아닙니다. 화려한 옷도 아닙니다. 황금 장신구나 보석이나 은접시들도 아닙니다. 우리는 하나님께 부동산이나 군사나 정치권력을 요구하지 않습니다. 우리는 수많은 가축들이나 노예들을 달라고 기도하지도 않습니다. 우리는 모임의 높은 자리를 달라거나 우리를 위한 기념비나 조각상을 세워달라고 말하지도 않습니다. 그리고 우리가 식사할 때 실크로 된 무릎덮개와 연주자들을 달라고도 기도하지 않습니다. … [우리는] 다만 양식을 [주옵소서 라고 기도합니다!][4]

"양식"이라는 단어는 아마도 이미 4세기에 "돈"과 "돈으로 살 수 있는 것들"을 가리키는 상징어가 되어가고 있었음이 분명하다!

몇몇 사람들이 이런 자신의 관심 대상들을 교회로 옮겨왔다. 마치 하나님이 그런 것들에 관심을 가지는 분이며 하나님의 "집"을 위해서라면 그것들을 추구해야 하는 듯이 말이다. 그들이 상상하는 하나님은 자신들처럼 화려한 옷과 황금 장신구와 보석과 은 접시는 물론, 조각상과 기념비와 음악가들을 바라시고 그것들에 기뻐하시는 분이다. 예수님은 그러나 하나님의 기쁨에 대해 다소 다른 견해를 제시한다.

> 그 때에 임금은 자기 오른쪽에 있는 사람들에게 말하기를, "내 아버지께 복을 받은 사람들아, 와서, 창세 때로부터 너희를 위하여 준비한 이 나라를 차지하여라. 너희는, 내가 주릴 때에 내게 먹을 것을 주었고, 목마를 때에 마실 것을 주었으며, 나그네로 있을 때에 영접하였고, 헐벗을 때에 입을 것을 주었고, 병들어 있을 때에 돌보아 주었고, 감옥에 갇혀 있을 때에 찾아 주었다."
>
> (마태복음서 25:34-36)

사람을 차별하지 않는 분

세계의 다른 모든 종교 문학들과 구별되는 성서의 특징 중의 하나는 그것이 화려한 상류층 사람들이나 위대한 인간 업적의 기념비들을 모아 놓은 것이 아니라는 점에 있다. 대신 성서는 양가죽 천막과 흙벽돌 마을과 상류사회 외곽의 잡다하고 촌스러운 사람들에 대해서 이야기한다. 성서에서 우리가 발견하는 것들은 노예들, 피난민들, 과부들, 고아들, 절름발이들, 장님들이다.

솔로몬이라는 모호한 인물과 의심스럽게 획득된 그의 성전, 궁전, 후궁, 마구간 등은 예외적인 것에 속한다. 솔로몬의 전설적인 부와 업적은 이스라엘의 영광이자 치욕이 되었다. 그의 이름으로 인해 유대 민족의 자부심이 커질 수도 있을 것이다. 아마도 에밀리 포스트는 자신의 파티에 솔로몬을 초대하려고 했을 것이다. 그러나 부와 명예에 대한 솔로몬의 과도한 욕심은 이스라엘의 명예를 실추시키고, 이스라엘을 부패시켰다. 그는 바로와 별반 다를 게 없는 통치자가 되었다. 그의 지혜는 세속적인 지혜, 즉 상인들, 공사감독자들, 통치자들, 제국주의자들의 지혜로 점차 변질되어 갔다. 예수님은 솔로몬의 영광을 단 한 구절로 요약하고 있다. "들의 백합화가 어떻게 자라는가 살펴보아라. 수고도 하지 않고, 길쌈도 하지 않는다. 그러나 내가 너희에게 말한다. 온갖 영화로 차려 입은 솔로몬도 이 꽃 하나와 같이 잘 입지는 못하였다."(마태복음서 6:28-29)

사실 성서를 관통하는 핵심 주제는 크게 두 가지라고 말할 수 있다. 그것들은 솔로몬의 세속적 지혜로는 이해할 수 없고,『사회 예법 안내서』와는 조금도 상관없는 그런 것이다. 그 첫째는 "우리 모두의 아버지이고, 모든 것 위에 계신 한 분 하나님"(에베소서 4:6)의 위대함이라는 주제이다. 하나님의 위대함은 그 모든 세속적인 위대함 위에 있고, 모든 나라와 세력들 위에 있으며, 모든 제국과 민족과 사조직들 위에 있고, 모든 대통령과 장군과 재벌들 위에 있으며, 모든 영웅과 스타와 우상들 위에 있고, 모든 기업 조직과 사회적 신분과 다국적 기업들 위에 있는 위대함이다. 이런 하나님에 비하면 그 모든 인간 존재와 인간의 업적은, 그것이 비록 우리 가운데 가장 성공적이고 가장 힘 있고 가장 세련된 것이라 할지라도 아무것도 아닌 것이다.

이스라엘의 일부나 전체를 유린했던 초강대국들(이집트, 아시리아, 바빌로니아, 페르시아, 그리스, 로마)의 계속적인 침략에 고통 받던 사람들에게 힘과 용기를 준 원천은 바로 이러한 메시지였다. 아무런 적수가 없을 듯한 힘을 가지고 있으며 이스라엘로서는 꿈도 못 꿀 눈부신 업적을 이루었던 당시의 위대한 제국들을 뛰어넘는 한 분One이 계셨던 것이다. 이사야는 바빌론 포로들에게 이렇게 설교했다. "그에게는 뭇 나라가, 고작해야, 두레박에서 떨어지는 한 방울 물이나, 저울 위의 티끌과 같을 뿐이다. 섬들도 먼지를 들어 올리듯 가볍게 들어 올리신다. … 그 앞에서는 모든 민족이

아무것도 아니며, 그에게는 사람이란 전혀 없는 것이나 다름이 없다."(이사야서 40:15, 17)

"통치자들을 허수아비로 만드시며, 땅의 지배자들을 쓸모없는 사람으로 만드시는"(이사야서 40:23) 그 분에게는 인간의 지혜와 위대함이란 모두 덧없는 것이다. 이런 하나님과 비교해 보면 지상의 거주자들이란, 이사야가 말하듯이, 그 앞에서 "메뚜기와 같다." 인간들 간의 차이, 우리가 늘 걱정하고 안달해마지않는 그 차이는 메뚜기들의 작은 세계에 존재하는 미세한 차이와 다를 게 없는 것이다.

성서를 관통하는 두 번째 주제는, 일견 모순적으로 보일지 모르지만, 가장 위대한 것들이 하나님 앞에서는 아무 것도 아닌 반면, 가장 낮은 것들이 하나님 보시기에는 가장 귀한 가치가 있다는 것이다. 이쪽 편의 것이 저쪽 편의 것으로 그대로 옮겨진다. 첫 번째 변화로는 자기 자신을 높였던 자들이 비천하게 된다. 두 번째 변화로는 비천한 자들이 높여진다. 하나님 앞에서는 아무도 특별히 중요하지 않기 때문에 모든 사람이 특별히 중요하다. 하나님이 선택하는 사람들은 그들이 다른 사람보다 뛰어나다거나 선택될 만한 특별한 가치가 있기 때문이 아니라 그들 각각이 독특한 가치를 지니고 있기 때문에 선택된 것이다. "하나님은 사람을 차별하지 않는 분"이기 때문에, 모든 사람들이 존중받을 수 있다.

이 두 번째 주제로 인해 성서는 왕의 이미지에서 아버지나 목자의 이미지로 옮겨간다. 바울의 표현을 사용하면, "모든 것 위에" 계시는 하나님은 "한 분 하나님이자 우리 모두의 아버지"이시기도 한 것이다. 모든 군주들과 바로들이 그 앞에서는 아무것도 아니며 모든 왕들의 왕이신 하나님은, 또한 "아버지 없는 자들의 아버지"이시다.(시편 68:5) 사람들 사이의 모든 차이를 아무것도 아닌 것으로 만드는, 인간과 하나님 사이의 그 거대한 심연은 가장 연약한 자들과 가장 낮은 자들조차 품으시는 하나님의 사랑에 의해 극복된다.

이것이 이사야가 바빌론 포로들에게 준 희망의 메시지 속에 내포된 또 다른 측면이다. 하나님의 권능과 영광은 인간의 힘과 영광에 비교될 수 없는 것이다. "거룩하신 분께서 말씀하신다. 그렇다면, 너희가 나를 누구와 견주겠으며, 나를 누구와 같다고 하겠느냐?"(이사야서 40:25) 하나님은 인간의 지위나 자신을 다른 사람보다 높이는 자부심에는 조금도 감동받지 않으신다. 하나님은 오히려 약한 자들과 억압받는 자들에게 마음이 움직이신다. 인간의 위대함에 감동받지 않으시는 하나님은 인간의 약함에 특히 마음을 움직이신다. 그분은 "피곤한 사람에게 힘을 주시며, 기운을 잃은 사람에게 기력을 주시는 분이시다."(40:29)

그래서 우리에게 주어지는 것은 다음과 같은 가장 역설적인 표현이다.

보아라, 만군의 주 하나님께서 오신다.
그가 권세를 잡고 친히 다스리실 것이다…

그는 목자와 같이 그의 양 떼를 먹이시며,

어린 양들을 팔로 모으시고, 품에 안으시며,

젖을 먹이는 어린 양들을 조심스럽게 이끄신다.

(이사야서 40:10-11)

"왕의 왕이고 주의 주"이신 하나님은 또한 그의 양들과 함께 걸으시고, 그의 팔로 힘없고 약한 양들을 따뜻하게 보듬어 안으시는 부드러운 목자이시다.

하나님의 포괄성

인간의 위대함은 배타적이다. 사람들은 마치 달걀처럼 분류되어, 세속 세계에서 끊임없이 사용되는 무수한 비교기준들에 따라 등급이 매겨진다. 사람들은 부자나 가난한 자, 지적인 자나 무식한 자, 아름다운 자나 못생긴 자, 가치 있는 자나 가치 없는 자, 좋은 사람이나 나쁜 사람, 혹은 간단히 "우리"나 "그들"로 분류된다. 차별하고 구별짓는 성향은 세속적 지혜가 만들어낸 빛나는 업적 중의 하나이다.

신적인 위대함은 포괄적이다. 궁극의 실재 앞에 서면 인간의 모든 선한 일들과 위대한 업적들은 아무것도 아닌 것이 되고 덧없어진다. 고상한 것과 천한 것, 용기 있는 것과 비겁한 것, 의로운 것과 불의한 것의 구분은 상대화된다. 예수님의 포도원 비유에서처럼, 11시에 고용된 일꾼들도 3시, 6시, 그리고 9시에 고용된 일꾼들과 동일한 임금을 받는다.(마태복음서 20장) 무한자에게 있어서 유한한 것들을 비교하는 것은 이웃 은하계의 시점으로부터 폴크스바겐 자동차와 그레이하운드 버스를 비교하는 것과 마찬가지다. 그 차이는 그리 중요하지 않다. 키르케고르는 이렇게 말했다.

> 크죄게 마을에서 가장 훌륭한 사람이라는 주장은 코펜하겐에서 웃음거리가 된다. 그러나 코펜하겐에서 가장 훌륭한 사람이라는 것 또한 우스꽝스럽다. … 절대적인 기준을 가지고 스스로를 못살게 구는 사람은 기쁜 마음으로 살아 갈 수 없을 것이다. 만약 누군가가 율법을 잘 지키고, 결코 죄를 짓지 않으며, 새 생명을 주시는 분들로부터 진정 신실한 자라고 인정받는다면…[그는] 이 세상의 인간으로서는 지나치게 완벽해지는 것이다.[5]

이런 측면에서도 성서는 희극적 관점을 옹호한다. 고대 그리스의 연극에서 비극작가들이 신들과 왕족들의 고결한 행위를 그리는데 바빴다면(『프로메테우스』, 『오이디푸스』, 『안티고네』), 희극작가들은 주요 인물들의 가면을 벗기거나(『구름』의 소크라테스), 보통 사람들을 영웅으로 만들거나(『뤼시스트라타』), 혹은 사람을 동물로 풍자하는 것(『새』, 『개구리』, 『말벌』)으로 응수했다. 이와 마찬가지로 셰익스피어의 비극은 왕들과 여왕들, 왕자들과 공주들, 귀족들과 숙녀들 사이에서 벌어지는 사건에 머물러 있었다.(『리어왕』, 『맥베스』, 『존』, 『리처드』(2세와 3세), 『헨리』(4세, 5세, 6세, 8세), 『오셀로』, 『줄리어스 시저』, 『안토니와 클레오파트라』, 『햄릿』, 『로미오와 줄리엣』) 반면, 그의 희극은 보다 평범한 사람들을 다루었다.(『말괄량이 길들이기』, 『윈저의 즐거운 아낙네들』, 『끝이 좋으면 다 좋다』, 『뜻대로 하세요』, 『헛소동』)

이론가들은 아리스토텔레스 시대부터 이미, 비극은 고귀하고 우월한 사람들의 행위를 모방하고 희극은 평범하고 열등하며 비천한 자들을 모방한다고 주장해왔다. 실상 아리스토텔레스는 비극을 아름다움의 범주로, 희극을 추함의 범주로 분류하는 데까지 나아갔다. 비극적 행위는 숭고하다. 희극적 행위는 어리석고 바보 같다. 그것은 추하다 등등. 이런 식의 분류가 놓치고 있는 것은 희극에서 도전받고 있는 것이 바로 그 서열들이라는 점이다. 고귀함과 우월성을 절실하게 추구하는 모습 속에는 어딘지 모르게 바보 같고 어리석은 면이 있다. 반면 바보 같고 어리석은 것들 속에는 무언가 고귀하고 숭고한 것이 내포되어 있음을 발견할 수 있다. 〈코끼리 인간The Elephant Man〉(19세기 영국의 실화를 바탕으로 1980년 데이빗 린치가 감독한 영화이다—역주)이라는 현대의 이야기에서처럼, 가장 끔찍한 기형으로부터 가장 고결한 영혼의 빛이 나올 수 있다.

비극 문학은 정교한 사회적 위계질서를 옹호하며 철저히 배타적이다. 반면 희극 문학은 평등주의적이고 포괄적이다. 희극은 사람들을 고귀함과 비천함으로 분류하는 구분선을 무너뜨리고 혼란스럽게 만든다. 거지들이 잔치 상에 초대되고, 모든 일꾼들이 똑같은 품삯을 받는다. 병사들이 장군들처럼 행동하고, 바보들이 하루 동안 왕과 여왕으로 선포된다. 최종 결승선을 마지막으로 통과한 사람이 우승 트로피를 받고, 적들이 용서된다. 희극의 결론은 우애의 정신으로 사람들이 함께 모이는 것이다. 비극의 결론은 사람들이 서로 분리되고 소외되는 것이다.

셰익스피어의 희극에서는 가장 주변적이고 심지어 건달 같은 인물들도 종국에 가서는 배제되지 않고 포용된다. 『템페스트』에서 칼리번은 집행 유예를 선고 받는다. 『윈저의 즐거운 아낙네들』에서 폴스타프는 마지막 축제에 초대된다. 『자에는 자로』에서 안젤로는 불명예를 씻도록 허락받는다. 노스롭 프라이가 주장했듯이, 은총은 가장 성숙한 희극들의 핵심 주제 중의 하나이다. 희극적 사회는 강한 동정심과 동료애를 전달한다. 그 사회의 관심사는 구별과 차이를 유지하는 것이 아니라 그것을 극복하는 것이다. 그런 사회에 진입하기 위해서 우리는 공동의 인간성을 고백하고 차이를 한쪽으로 밀어둬야 한다. 그래야 모두가 함께 경축할 수 있을 것이다. 프라이의 논평과 같이, "배제하지 않고 포용하려는 희극적 사회의 경향은, 마지막 축제와 상관없는 인물임에도 불구하고 거기에 초대된 식객parasite이 전통적으로 왜 중요한지를 보여준다."[6]

희극적 사회

이런 의미에서 진정 희극적인 사회는 다름 아닌 교회일 것이다. 그 어떤 조직이 "누구든지 와도 좋다"는 구절을 헌장에 명시할 수 있겠는가? 그 어떤 조직이 죄를 고백함으로써 모임을 시작하고 공동의 죄성을 기초로 소속감을 발전시키겠는가? 다른 어떤 조직이 회원들을 초대해서 하나님과 서로서로의 앞에 겸손한 자세로 무릎을 꿇거나 머리를 숙이게 하겠는가? 많은 교회들이 인종이나 계급, 혹은 민족적 기원이나 신앙의 특색과 관련하여 배타성을 보여 왔다. 그만큼 그들은 교회가 되지 못하고 그 대신 종교 클럽이 된 것이다. 그리스도의 교회에서는,

> 눈이 손에게 말하기를 "너는 내게 쓸 데가 없다" 할 수가 없고, 머리가 발에게 말하기를 "너는 내게 쓸 데가 없다" 할 수 없습니다. 그뿐만 아니라, 몸의 지체 가운데서 비교적 더 약하게 보이는 지체들이 오히려 더 요긴합니다. 그리고 우리가 덜 명예스러운 것으로 여기는 지체들에게 더욱 풍성한 명예를 덧입히고 … 한 지체가 고통을 당하면, 모든 지체가 함께 고통을 당합니다. 한 지체가 영광을 받으면, 모든 지체가 함께 기뻐합니다.
>
> (고린도전서 12:21-23, 26)

이런 포괄적이고 평등주의적인 정신에서 벗어나는 유일한 예외

는 자기 딸에게 붙은 귀신을 쫓아 달라고 예수님께 호소했던 한 이방 여자의 이야기에 등장하는 것처럼 보인다. 그 이야기에서 예수님은 유대인과 이방인의 차별에 도전하지 않고 오히려 그것을 이용하셨던 것 같다. 마태에 따르면, 예수님은 여자의 호소에 "한 마디도 대답하지 않으셨다."(마태복음서 15:23) 그녀를 내쫓으라는 제자들의 요청에도 예수님은 우리가 기대하는 것처럼 꾸짖지 않으시고 이렇게 말씀하셨다. "나는 오직 이스라엘 집의 길을 잃은 양들에게 보내심을 받았을 따름이다."(15:24) 그녀가 끈질기게 간청하자 예수님은 더 나아가 이렇게 대답하셨다. "자녀들의 빵을 집어서, 개들에게 던져 주는 것은 옳지 않다."(15:26) 거절당하지 않기 위해 여자는 재빨리 대답했다. "주님, 그렇습니다. 그러나 개들도 주인의 상에서 떨어지는 부스러기는 얻어먹습니다."(15:27) 예수님은 결국 그녀의 부탁을 들어주었다. "여자여, 참으로 네 믿음이 크다. 네 소원대로 되어라."(15:28) 그리하여 그녀의 딸은 고침을 받았던 것이다.

이야기의 결말은 예수님 특유의 것이다. 그러나 시작은 그렇지 않아 보인다. 예수님은 쉬실 목적으로 두로와 시돈 지방에 갔음이 분명하다. 마태는 예수님이 "거기에서 떠나서, 두로와 시돈 지방으로 가셨다"(15:21)고 기록하고 있고, 마가는 그가 "어떤 집에 들어가셨는데, 아무도 그것을 모르기를 바라셨다"(7:24)고 말하고 있다. 예수님은 지쳐 있었으며, 홀로 있고 싶어 하셨던 것처럼 보인다. 한동안 많은 무리의 사람들이 자신을 도와달라고 부르짖으며 매달

렸기 때문에 예수님의 심신은 무척 지쳐 있었다. 조용히 물러나 쉬고 싶다는 예수님의 소망을 고려해 보면, 예수님의 첫 반응을 이해할 수 있다. 그녀가 제자들을 쫓아다니며 끊임없이 간청하자 제자들은 그 성가신 여자에 대해 예수님에게 불평했고, 예수님은 그가 "오직 이스라엘 집의 길을 잃은 양들에게 보내심을 받았을 따름"이라고 말함으로써 그녀를 단념시키려고 했던 것이다. 그 상황은 전선에서 부상자들을 돌보는 의사의 상황과 비슷할 듯하다. 자기 부대 병사들을 돌보는 데 모든 힘을 소진한 의사가 극단적인 상황 속에서 한 시민으로부터 도와달라는 요청을 받았을 때의 상황 말이다.

그 시로페니키아 여자가 끈질기게 간청하고 그 끈질김으로 자신의 믿음을 증명하자 예수님은 그녀에게 동정심을 느끼고 자신의 극심한 피로와 홀로 있고 싶은 욕망을 잠시 옆으로 미룬다. 만약 예수님이 말로 그녀를 시험하고 있었던 것이라면, 그녀는 아이들의 **빵**을 개에게 주는 것에 관한 예수님의 말에 빠르고 재치 있게 응수하기까지 인내심을 가지고 스스로를 증명했다. "개들도 주인의 상에서 떨어지는 부스러기는 얻어먹습니다." 예수님은 아마도 그 재치 있는 대답에 미소 지으셨을 것이다. 예수님은 자신이 상대하고 있는 이 여자가 쉽게 물러나지 않으리라는 것을 깨달았다. 비록 그가 자신의 사역 대상을 "이스라엘 집의 길을 잃은 양들"로 한정했다 할지라도, 이방인과 사마리아인에게 동정적으로 대하는 예수님의 모습은 모든 장벽과 차별을 깨버릴 수 있는 영靈을 움직이신 것이다. 그 영 안에서 노예와 자유인, 부자와 가난한 자, 왕과 농부, 그리고 유대인과 사마리아인 혹은 유대인과 이방인 사이의 민족적 차별들이 극복된다.

희극적 복음은 종종 현실 세계에서 이상주의적이고 부적절하며 실행 불가능한 것처럼 보인다. 현실 세계가 어떻게 작동하는지 모르는 사람만이 그런 유토피아주의를 제안할 수 있을 것이다. 희극적 복음이 어떻게 공격적인 광고, 치열한 경쟁, 주식투자, 신분상승, 인종적·국제적 분쟁의 세계에 적용될 수 있겠는가? 그것은 신적인 어리석음이 아닌가?

그러나 희극적 복음은 때때로 현실 세계로 돌파해 들어간다. 1940년대와 50년대에 어느 유명한 라디오 해설자의 방송이 미국과 여러 외국의 수백만 청취자의 귀를 매일 사로잡았던 적이 있다. 그 라디오 해설자는 자신의 청취자들로부터 엄청난 호응을 받았는데, 날마다 도착하는 편지들을 분류하는 일에만 여러 명의 비서들이 달라붙어야 할 정도였다. 비서들이 수많은 편지들 가운데 중요한 사람들에게서 온 몇 편의 편지를 골라내면, 그는 그렇게 골라낸 편지들에 시간을 내서 개인적인 답장을 쓰기를 좋아했다. 나머지 편지들에 대해서는 똑같은 내용이 인쇄된 형식적인 답장을 보내거나 그냥 폐기처분했다.

어느 날 이상한 편지 한 통이 비서의 시선을 사로잡았다. 편지

내용이 눈에 띄게 훌륭하다거나 아주 중요한 사람이 보낸 것이라서 그런 것이 아니었다. 정반대였다. 그 편지는 외딴 곳에 사는 어느 중요하지 않은 사람으로부터 온 것이었다. 나이 많은 노인의 떨리는 손으로 쓴 것처럼 흔들리는 글씨로 씌어진 편지에는 오자와 비문들로 가득 차 있었다. 비서는 해설자가 이 편지를 재미있어 할지도 모른다고 생각했다.

편지를 쓴 사람은 자신을 노스 다코타North Dakota의 산지에 사는 목자라고 밝혔다. 그의 아내는 여러 해 전에 죽었고, 자식들은 성장해서 멀리 떨어져 살고 있었다. 그의 가장 가까운 이웃도 20마일 이상 떨어져 있었다. 개와 라디오와 바이올린이 그의 유일한 친구였다. 라디오는 그가 바깥세상과 만나는 주된 창구였다. 편지에는 그가 수년 동안 청취해온 라디오 방송의 해설자를 마치 자신의 오랜 친구처럼 생각하고 있음이 분명히 드러나 있었다.

그가 편지를 쓴 이유는 바이올린의 음이 잘 맞지 않았기 때문이었다. 그는 자신의 친구가 이 문제를 해결해 줄지도 모른다고 생각했다. 라디오 방송에서 피아노로 '가' 음을 쳐주면 그것을 듣고 바이올린 음을 맞출 수 있을 거라는 아이디어가 떠올랐던 것이다.

보통 그런 편지는 그냥 버려졌을 것이다. 기껏해야 형식적인 답장이 주어졌을지 모른다. 그러나 어느 날, 가장 중요한 세계적 이슈들에 대해 논평하고 대통령들과 장군들과 스타플레이어들의 이름들이 호명되던 전국적인 방송이 갑자기 중단되었다.

"노스 다코타 언덕의 목자님, 듣고 계십니까? 노스 다코타 언덕의 목자님, 듣고 계십니까?" 그리고는 피아노의 한 음이 크고 선명하게 울렸다. "이것이 '가' 음입니다. 이것이 '가' 음입니다."

아주 잠깐 동안이었지만, 세상의 방식은 중단되었고 관습적인 지혜는 도전받았다. 아주 잠깐 동안이었지만, 교양 있는 사회의 변두리에 위치한 잡다하고 촌스러운 사람들 중의 하나가 파티에 초대되고, 그에게 특별석이 제공되었다.

평범한 장소들에서의 기적

지상은 천국의 향기로 가득하니
보잘 것 없는 나뭇가지 하나에도 하나님의 숨결 불타오르네.
그러나 보는 자만이 자신의 신발을 벗는 것,
무지한 이들은 둘러앉아 검은 딸기나 따고 있을 뿐.

> 이름 없는 한 송이 꽃에서
>
> 눈물짓게 하는 깊은 생각을 얻나니.
>
> 윌리엄 워즈워스
> 「불멸성을 암시하는 것들에 대한 송시」

성서의 위대한 주제들 중 하나가 하나님은 낮은 사람들 가운데 오신다는 희극적 주제라고 한다면, 그것과 나란한 또 하나의 주제는 하나님은 낮은 곳에 임재하신다는 것일 터이다. 설령 인간의 지혜가 세속적 상상의 궁전과 성전에서 하나님을 찾고자 할지라도, 하나님은 우리 삶의 구유들과 목공소에서 나타나실 가능성이 더 많은 것이다. 평범한 사람들의 하나님은 또한 평범한 장소들의 하나님이기도 하다.

15세기 프랑스의 여성 영웅인 잔 다르크의 일화는 이 두 가지 종교적 주제를 통합한 것이라고 할 수 있다. 버나드 쇼는 자신의 희곡 『성녀 잔』에서 그 시나리오를 잘 포착해냈다. 잔은 프랑스의 어느 조그마한 마을에 사는 시골 처녀일 뿐이지만, 영국 침략군에 맞선 싸움에서 프랑스를 도우라는 하나님의 계시를 받았다고 주장한다. 그녀는 열여덟 살 밖에 되지 않은 어린 처녀임에도 불구하고 프랑스 군대를 이끌고 그들의 사기를 드높인다. 그녀는 왕이나 귀족이나 군부나 교회의 권위에는 아랑곳하지 않는다.

잔은 샤를 7세 앞에 소환된다. 왕이 그녀에게 추궁한다. 한낱 시골 처녀인 그녀가 무슨 용기로 영국과의 전쟁에 참여할 수 있었으며, 누가 준 권한으로 군대를 이끌고 전쟁터로 나갔는지 설명하라는 것이었다. 신하들과 군인들, 귀족들과 성직자들로 둘러싸인 잔은 순진무구하고도 대담하게 홀로 왕 앞에 섰다. 그녀는 자신이 어떻게 하나님의 임재를 이곳저곳에서 체험하게 되었는지, 그리고 이른바 위기에 처한 나라를 구하라는 하나님의 음성을 어떻게 듣게 되었는지 왕에게 차근차근 설명한다. 유약한 샤를 왕이 참을성 없이 끼어든다. "네가 들었다고? 네가 들었다고? 왜 내게는 들리지 않는가? 내가 프랑스의 왕이 아닌가! 네가 아니라!"

잔은 조용히 대답한다. "하나님은 당신에게도 말씀하십니다. 당신이 듣지 않을 뿐입니다. 당신은 하나님의 음성을 들으려고 저녁에 밭에 나가 무릎을 꿇은 적이 없지요. 만종이 울리면 당신은 대충 성호를 긋고는 그걸로 끝이었겠지요. 진정 당신이 마음으로부터 기도하고, 종소리가 멈춘 후에 공중에서 전율하는 그 떨림에 귀 기울였다면, 당신도 나처럼 그분의 음성을 들을 수 있었을 것입니다."[1)]

하나님의 집

기독교 성인들saints의 삶의 공통점을 찾는다면, 그것은 아마도 그들이 하나님의 실재와 권능에 대한 뚜렷한 감각을 지니고 있었던 것 같다는 점일 것이다. 그들은 하나님의 '임재'와 '가까이 계심'과 '지금 여기 계심'을 느끼고 있었다. 테니슨의 시에서처럼 하나님은 "숨결보다 … 깊숙하고 손과 발보다 가까이" 그들에게 다가온다. 오래된 예배 안내서의 제목처럼 그들은 '하나님 임재의 연습'에 관여하는 것이다.

로렌스 수사가 쓴 그 작은 책의 제목에서처럼, 이러한 감수성에는 약간의 연습이 필요하다! 그러나 하나님은 어디에 계시고 하나님의 임재는 어디에서 이루어지는가? 고대 이스라엘에서, 특히 제사장의 관점에서는 하나님이 특별히 주로 계시는 곳은 하나님의 집인 예루살렘 성전, 보다 정확하게는 지성소라고 이해되었다. 성전은 규정된 의식과 지정된 희생 제사를 통해 하나님의 임재를 실천하던 곳이었다.

요나서에서, 요나는 니느웨로 가서 설교하라는 하나님의 명령을 듣고는 재빨리 그 반대쪽으로 도망치는데, 본문은 이를 세 번에 걸쳐 "하나님의 낯으로부터 도망가는 것"이라고 언급하고 있다. 요나는 지중해 연안으로 멀리 도망치면 하나님이 미치지 못하실 것이며 하나님의 말씀도 들리지 않을 것이라고 상상하는 듯이 묘사된다.

요나의 신학은 마크 트웨인의 일화에 등장하는 어린 소녀의 신학과 같은 것이다. 그녀의 부모는 동쪽 해안 지역에서 미주리로 이사를 하고 있었다. 소녀는 이제 막 떠나야 하는 뉴잉글랜드의 집 앞마당에 골똘히 서서 마지막 작별의 인사를 한다. 소녀의 눈에는 눈물이 글썽거린다. "정든 집아 안녕, 우린 미주리로 갈 거야." 그리고는 하늘을 올려다보며 이렇게 말한다. "하나님, 안녕히 계세요. 저희는 미주리로 이사 가요."

요나가 가나안 땅과 예루살렘 성전의 하나님에게 작별을 고하고 다시스로 떠날 때의 그의 생각도 이러했다. 하나님의 임재를 이런 식으로 이해하는 경우가 여전히 많다. 우리는 종종 그것을 "일요 나들이" 신앙이라고 비판하곤 한다. 거룩한 장소와 신성한 의식과 임명된 사제의 존재가 하나님의 "제의적 임재"에 대한 이러한 강조를 부추기고 확증하는 경향이 있다. 하나님은 어디에서 발견되는가? 하나님의 임재와 하나님의 말씀과 하나님의 예배는 "하나님의 집"에서 경험되고, 들려지고, 올려진다. 그곳은 우리의 삶에서 가장 숭고하고 가장 신성한 장소이다. 하나님은 다른 어떤 곳보다 그곳에서 더욱 실제적이고 접근가능하다. 그곳에서 우리는 하나님에게 우리를 더 잘 보여드릴 수 있다. 공손히 행동하고, 좋은 옷을 단정하게 차려입고, 깨끗이 면도하고, 향수를 충분히 뿌리고, 깨끗하게 목욕재계한 우리를!

그러나 이런 견해는 아테네 사람들을 향한 사도 바울의 설교에서 결정적인 도전을 받은 바 있다. 바울은 파르테논의 온갖 신전들과 제단들에 둘러싸인 상황에도 굴하지 않고, "이 세계와 그 안의 모든 것을 만드신" 하나님은 오직 한 분임을 선언했다. "우주와 그 안에 있는 모든 것을 창조하신 하나님께서는 하늘과 땅의 주님이시므로, 사람의 손으로 지은 신전에 거하지 않으십니다. 또 하나님께서는, 무슨 부족한 것이라도 있어서 사람의 손으로 섬김을 받으시는 것이 아닙니다. 그분은 모든 사람에게 생명과 호흡과 모든 것을 주시는 분이십니다. … 하나님은 우리 각 사람에게서 멀리 떨어져 계시지 않습니다. … 우리는 하나님 안에서 살고, 움직이고, 존재하고 있습니다."(사도행전 17:24-28) 바꿔 말하자면, 우주는 하나님의 집이고, 우리는 그곳에 초대받은 손님인 것이다. 따라서 우리가 살고 움직이고 태어날 수 있는 것은 오직 하나님의 집 안에서 가능하다.

우리는 어떤 특정한 곳에 하나님이 임재한다는 관념을 넘어서려 할 때조차 비슷한 문제를 반복하는 경향이 있다. 설령 지성소 밖에서 하나님을 찾는다 할지라도, 우리가 주목하는 것들은 특별한 장소나 비범한 사건, 극적인 순간이나 숭고한 환경, 혹은 절정의 경험들이다. 하나님은 여전히 특별한 힘과 우월함이 있는 곳, 즉 하나님의 위대함에 걸맞은 장소에 나타나신다는 것이다.

하나님을 이렇게 극적인 사건들과 연결시키는 것은 기껏해야 요나의 이해 수준을 겨우 넘어선 것에 불과하다. 요나는 하나님이 거하시는 예루살렘을 떠나 지중해로 멀리 도망치면 되리라고 생각했다. 그러자 하나님은 거대한 바람과 거대한 폭풍우를 일으키시고, 거대한 물고기를 보내어 그를 실어 나르시며, 그가 익사하거나 물고기 뱃속에서 죽게 하지 않고 기적적으로 살려내심으로써 지중해에서도 요나에게 미칠 수 있음을 보여주셨다. 폭풍우가 일기 전에는, 부드러운 바람과 푸른 하늘과 잔잔한 파도 속에서는, 하나님의 임재를 요나가 깨닫지 못했음이 분명하다.

우리는 모세와 불타는 가시덤불 이야기에서 비슷한 상황을 볼 수 있다. 모세는 이집트의 히브리 동포들의 문제를 뒤로하고 사막 저편으로 도망가서 양을 치고 있었다. 요즘으로 말하자면, 그는 마을을 떠나 휴가 중이고, 전화기도 없이 모든 연락을 완전히 끊은 상태라고 말할 수 있을 것이다. 그러나 하나님은 신비롭게도 타 없어지지 않는 불타는 가시덤불을 통해 모세의 주의를 사로잡으셨다. 왜? 그때나 지금이나 하나님은 간혹 우리를 일깨우시기 위해 비범한 일을 하시기도 하니까.

그렇지만 우리는, 우리가 흔히 하듯 그렇게, 하나님은 평범하고 일상적인 삶의 사건들 속에서가 아니라 거대한 폭풍우나 불타는 가시덤불에서만 드러내신다고 결론지어서는 안 된다. 잔 다르크는 우리에게 이렇게 말하고 있다. "만종이 울리면 당신은 대충 성호를 긋고는 그걸로 끝이었겠지요. 진정 당신이 마음으로부터 기도하고, 종소리가 멈춘 후에 공중에서 전율하는 그 떨림에 귀 기울였다면, 당신도 나처럼 그분의 음성을 들을 수 있었을 것입니다."

우리는 대개 하나님의 임재를 거룩한 장소들, 초자연적인 현상들, 영혼을 뒤흔드는 경험들, 최고조의 감정적인 고양, 표적들과 경이로움들, 특별한 기적들 등의 측면에서만 생각하곤 한다. 마치 일상적인 장소에서는 결코 하나님을 발견할 수 없다는 듯이, 어떤 특별한 장소에만 하나님이 거하시는 듯이, 우리를 둘러싼 평범한 것들에는 그 어떤 특별하고 기적적인 것들도 있을 수 없다는 듯이 말이다. 그 결과 우리 삶의 광범위한 영역들은 하나님의 임재를 조금도 느끼지 못하고 텅 비어버리고 만다.

시인 마이넛 세비지Minot Savage는 이렇게 썼다.

> 사람들은 놀라운 기적이나 불타는 가시덤불에서
> 신을 찾으며 감춰진 그분의 존재를 꿈꾸려 한다.
> 그러나 하나님은 지상의 평범한 것들 속에서 스스로를 드러내신다.
>
> 「지상의 평범한 것들」

절정의 종교 체험을 위해 종교 집회를 순회하는 사람들도 있다. 그들은 영성을 종교적인 황홀경의 순간을 붙잡는 문제로 이해한다. 그러나 하나님은 분명 그런 순간들로 제한되지 않으신다. 숲이 울창한 시내산 고지에서 하나님의 청천벽력 같은 음성을 들으려고 기다리다가는 눈에 잘 띄지 않는 낮은 골짜기에서 속삭이시는 하나님의 조용한 낮은 목소리를 놓치게 될지도 모른다.

브라우닝E.B. Browning도 모세와 불타는 가시덤불에 대한 시를 썼다. 그녀에게 있어서 문제는 하나님의 부재나 멀리 계심이 아니라 인간의 감수성 부족이었다.

> 지상은 천국의 향기로 가득하니
> 보잘 것 없는 나뭇가지 하나에도 하나님의 숨결 불타오르네.
> 그러나 보는 자만이 자신의 신발을 벗는 것,
> 무지한 이들은 둘러앉아 검은 딸기나 따고 있을 뿐.
>
> 「오로라 리Aurora Leigh」

세속적인 것들을 압도하며

종교 생활을 특징짓는 두 가지 방향이 있다. 하나는 속된 것들로부터 성스러운 것들을 분리해내는 것이다. 우리는 거룩한 장소들을 짓고, 성스러운 의식을 다시 제정하며, 하나님으로부터 임명된 성직을 유지하고, 성별된 용기들을 사용하고, 성령의 영감으로 기록된 책을 읽고, 찬송가를 부르며, 신성한 사도신경을 암송한다. 이러한 태도를 고수하는 이들에게, 신성한 것이란 속된 세상으로부터 멀리 떨어져 있으며 신성을 더럽히는 손길로부터 보존되어야 할 어떤 영역이다. 그 거룩한 땅에서 특별한 권능과 은총을 발산하는 신성한 장소들과 대상들이 발견되는 것이다.

이러한 견해는 성소와 성직, 십자가와 성찬도구 등을 숭배되어야 하고 두려움과 떨림 속에서 접근해야 하는 성물로 생각하는 경향이 있다. 그것은 루터가 호되게 비판했던 중세 유럽의 성물 수집이나 성물 숭배와 크게 다르지 않다. 그 당시의 성물로는 세례 요한의 치아, 예수님의 기저귀에서 나온 한 가닥의 실, 구유에 있었던 짚, 예수님의 수염, 마지막 만찬의 빵 부스러기, 십자가에서 쪼개진 나뭇조각들, 모세의 불타는 가시덤불의 잔가지, 어머니 마리아의 젖 한 방울 등이 있었다. 루터가 언젠가 비꼬았듯이, 이 부분에서 타의 추종을 불허한 마인츠의 대주교는 성령이 깃든 깃털 두 개와 달걀 하나를 자신이 가지고 있다고 주장한 적도 있다!

종교 생활의 또 다른 방향은 첫 번째와 정반대이다. 그것은 신성한 것과 속된 것을 엄격하게 구분하는 것을 넘어서려 한다. 그것은 새로운 매혹과 경이로움을 지니고 일상과 평범한 세계로 되돌아가는 것이다. 하나님의 임재와 하나님의 권능은 가장 평범한 장소들과 사물들 속에서 발견된다. 우리는 그 어떤 것도 하나님 바깥에 있지 않다는 강렬한 느낌에 사로잡힌다. 하나님은 모든 사물들의 무한한 배경으로 포착된다. 바울이 아테네 사람들에게 행한 설교에서처럼, "우리는 하나님 안에서 살고, 움직이고, 존재하고 있

습니다."(사도행전 17:28)

    이러한 관점에서 우리는 하나님이 모든 곳에 계심을 상기시켜주는 거룩한 장소들을 필요로 한다. 우리는 모든 삶이 신성하다는 사실을 우리에게 일깨워주는 신성한 의례들을 필요로 한다. 우리는 모든 존재가 하나의 기적이라는 사실을 우리에게 깨닫게 해주는 신성한 기적들을 필요로 한다. 우리는 하나님이 항상 우리와 함께 하신다는 사실을 우리에게 상기시켜주는 육화된 하나님, 임마누엘, "우리와 함께 하시는 하나님"을 필요로 한다. 시편 기자는 이렇게 외쳤다. "내가 주님의 영을 피해서 어디로 가며, 주님의 얼굴을 피해서 어디로 도망치겠습니까?"(시편 139:7)

    필립스J. B. Phillips는 『당신의 하나님은 너무 작다』라는 도발적인 제목의 신앙서를 저술하였다. 이것이 우리의 문제가 아닐까? 설령 우리가, 요나처럼, 하늘과 땅의 창조주이신 전능하신 한 분 하나님을 믿는다고 고백할지라도, 우리는 그 하나님의 창백하고 쪼그라든 그림자에 불과한 작은 하나님을 믿으려고 하지는 않는가? 우리의 믿음은 엘리자베스 버로우Elizabeth Burrow가 패러디한 다음과 같은 말과 매우 유사하지 않은가? "나는 가깝고 친근한 하늘 위에 계신 소박하고 친절한 하나님을 원합니다. 물론 그분이 지혜롭길 바라지만, 나보다 너무 많이 지혜로운 것은 바라지 않습니다."

    그러나 우리가 완전히, 그리고 최종적으로 이렇게 말할 수 있는 장소가 존재할까? "여기에는 하나님이 안 계셔. 여기에서는 하나님도 어찌하실 수 없어. 하나님은 여기에서 말씀하시지 않아. 여기에서는 하나님도 놀라운 일을 보이실 수 없어." 하나님을 완전히 배제할 수 있거나 혹은 하나님께서 완전히 배제하시는 장소가 있을까? 바울처럼 우리가 하나님은 "모든 것 위에 계시고 모든 것을 통하여 계시고 모든 것 안에 계시는 분"(에베소서 4:6)이라는 사실을 진실로 믿는다면, 하나님의 임재와 활동이 전혀 없는 장소는 있을 수 없을 것이다. 어떤 상황에서도 우리는, "여기서는 하나님을 만날 수 없어. 여기서는 하나님도 할말이 없으실 거야"라고 단언할 수는 없다.

성서의 하나님은 "사람들의 노여움도 찬양으로" 바꾸시고, 갓난아기의 입을 통해 지혜를 말하시며, 필요하다면 돌들도 외치게끔 하실 수 있는 분이다. 이스라엘의 선지자 이사야뿐만 아니라 페르시아의 왕 키루스를 통해서도 당신의 기쁘신 일을 하시며, 예언자 발람뿐만 아니라 발람의 당나귀를 통해서도 말씀하실 수 있는 하나님이신 것이다.

테니슨Tennyson의 시 「갈라진 틈에 핀 꽃」은 이렇게 노래하고 있다.

나는 갈라진 틈에서 너를 뽑아낸다.
그리고 이렇게, 작은 꽃아, 너를 붙잡는다

뿌리째, 내 손안에.
허나 내 너의 존재, 너의 모든 것을
뿌리째, 속속들이 이해할 수만 있다면
나는 신과 인간이 무엇인지 깨닫게 되리라.

종교 체험의 진정한 시험은 우리가 특별한 장소와 숭고한 순간, 웅장한 경관과 황홀한 경험 속에서 하나님을 발견할 수 있는가에 있지 않다. 오히려 그것은 우리 삶의 소박하고 평범하며 일상적인 상황들 속에서 하나님을 볼 수 있는지, 거기에서 하나님의 임재와 신비를 느낄 수 있는가 하는 것이다. 결국, 가장 작고 가장 볼품없는 야생화조차 하나의 불가해한 신비인 것이다. 갈라진 틈에 핀 꽃에 내재하시는 하나님을 느끼기 위해 굳이 그 꽃을 뽑아 교회 제단에 올려놓을 필요는 없는 것이다.

프로테스탄트 종교개혁자들은 영성과 신심을 갱신해야 한다고 주장하며, 당대의 성직자들과 교회의 세속성을 철저히 비판했다. 또한 그들은 수도원과 성당에서 영성을 끄집어내어 세상 속으로 다시 돌려주었다. 그렇게 함으로써 개신교는 세계를 재발견하고, 그것의 종교적 의미를 되찾았다. 세계는 창조와 성육신과 의인義認의 은혜로 말미암아 영성화되고 신성화된 것으로 여겨졌다. 육신과 물질의 세계가 영보다 낮은 영역으로 폄하되지 않았고, 평신도와 세속 직업이 "종교인들"과 그들의 사역보다 열등한 것으로 무시되지도 않았다.

루터는 수도원을 떠나 수녀 출신의 한 여자와 결혼했다. 말하자면 종교적인 삶을 떠나 세속의 삶으로 옮겨간 것이다. 하나가 둘로 이어지듯 마르틴과 카테리나Katerina는 결국 아이들을 갖게 되었다. 그러나 루터는 결혼하여 가정을 꾸리기 이전부터 종교적인 것과 세속적인 것의 관계를 기존의 입장과 매우 다르게 이해하고 있었다. 아기를 재우고 트림시키고 씻기고 옷 입히는 지극히 세속적인 세계에 대해 루터가 어떤 태도를 취했는지 주목해 보라. 루터는 「혼인에 관하여」라는 소논문에서 이렇게 썼다.

> 이제, 그 영리한 매춘부, 우리의 자연 이성이 … 혼인 생활을 어떻게 생각하고 있는지 살펴봅시다. 그녀는 코를 쳐들고는 이렇게 말합니다. "맙소사. 내가 아기를 요람에 태워 흔들어주고, 기저귀를 빨고, 잠자리를 봐주고, 똥냄새를 맡고, 아기와 밤을 지새우고, 울음을 달래고, 발진이나 상처를 치료하고, 게다가 아내까지 돌보고, 생활비를 벌어다주고, 내 일을 하고, 이것저것 처리하고, 이것저것 참아야 한단 말인가? 결혼 생활에는 그 밖에도 얼마나 힘들고 고된 일들이 많은가? 정말, 내 자신을 그런 포로로 만들어야 하나? … 자유롭게 남아서 평화롭고 근심 없이 사는 게 더 낫겠어. 난 사제나 수녀가 되어서 내 아이들에게도 나와 똑같은 사람이 되게 할 거야."
>
> 그렇다면 기독교 신앙은 이에 대해 뭐라고 할까요? 기독교 신앙은 눈을 크게 뜨고는 이 하찮고 혐오스럽고 멸시받는 모든 일들을 자세히 들여다봅니

다. 그리고는 그 모든 일들이 값비싼 금이나 보석과 같은 하나님의 승인으로 빛을 발하고 있음을 깨닫습니다. 기독교 신앙은 이렇게 고백합니다. "하나님, 당신께서 저를 한 사람으로 창조하셨고 제 몸으로부터 이 아이를 낳게 하셨음을 확신합니다. 때문에 이 아이가 완전한 기쁨임을 또한 확신합니다. 당신께 고백하노니, 저는 이 조그마한 아기를 요람에 태워 흔들거나 기저귀를 빨 만한 가치가 없는 사람입니다. 아내와 아기를 돌볼 만한 자격이 없는 사람입니다. 아무런 공로도 없는 제가 당신의 창조물과 당신의 가장 귀중한 뜻을 섬기고 있다는 이 명백한 사실 앞에서 저는 몸 둘 바를 모릅니다. 그 일들이 아무리 하찮고 멸시받는 일일지라도, 제가 그 일들을 할 수 있다는 게 얼마나 기쁜지 모릅니다. 추위나 더위도, 고됨이나 노동도 저를 힘들게 하거나 단념케 할 수는 없을 것입니다. 왜냐하면 그것이 당신을 기쁘게 해드리는 일임을 제가 잘 알고 있기 때문입니다."[2]

아기를 돌보는 일, 그것 또한 신적인 어리석음의 일종이 아닐까? 하나님이 아니라면 그 누가 아이들이 나날이 행하는 그 어리석은 일들을 창조했겠는가? 뜻 없는 옹알거림, 꼴깍꼴깍 숨넘어가는 듯한 웃음, 조그마한 기쁨에도 만면에 가득한 해맑은 미소, 가장 작은 불편에도 동네가 떠나가게 우는 울음…. 이 모든 것이 창조주 하나님의 희극이 아닐까? 새로운 탄생의 끊임없는 순환 속에서, 그러나 매 순간이 마치 처음인 것처럼 모든 것들을 전부 다시 배우는 동일한 기본 운동으로 영겁 회귀하는 그런 희극 말이다. 삶이라는 그 사소한 선물 속에는 존재 자체의 신비와 경이로움이 응축되어 있다.

경이로움의 회복

몇 년 전 전직 가톨릭 사제인 켄 페이트Ken Feit는 '어릿광대' 순회설교자로 미국 전역을 돌아다닌 적이 있었다. 그는 자신의 명함이나 편지에 "광대, 켄 페이트"라고 서명했다. 물론 광대는 많지만, 그것을 공개적으로 인정하려는 사람들은 많지 않다. 켄은 중세의 어릿광대 전통을 되살리는 일에 많은 관심을 가지고 있었다. 그 전통 속에 담겨있던 어떤 중요한 깨달음이 상실되었다고 믿었기 때문이다. 그는 여전히 가톨릭교도로 남았지만, "어릿광대의 의식fool's rituals"을 수행하는데 전념하기 위해 사제의 직분을 떠났다. 광대 의식의 목표는 성스러움의 상징을 교회 밖으로 끄집어내서 세상 속으로 돌려보내는 것이었다.

켄의 "광대 의식" 중에는 '종이봉투 미사'라는 것이 있었다. 그는 가는 곳마다 양반다리를 하고 바닥에 앉았다. 땅바닥이든 체육관 바닥이든 휴게실 바닥이든 상관없었다. 그는 "회중"에게도 자신처럼 양반다리를 하고 그냥 앉도록 했다. 그는 맨발이었고 하얀 티셔츠와 청바지를 입고 있었다. 이는 평범한 것들을 성스럽게 하는 일종의 전례(典禮)였다. 그는 어릿광대처럼 얼굴을 하얗게 분장하고는 그 의식의 광대-사제로서 미사를 집전할 수 있는 권한을 스스로 떠맡았다.

그 의식은 침묵으로 시작한다. 사람들은 보통 침묵 속에서 하나님의 임재를 더 잘 느낄 수 있기 때문이다. 광대-사제는 자기 앞에 낡은 갈색 종이봉투를 하나 갖다 놓는다. 봉투 속에는 바나나, 사과, 풍선, 찰흙 덩어리, 종이와 가위, 바늘과 실 등 평범하지만 그 상황에서는 독특한 물건들이 한 가득 들어 있다. 의식은 이 물건들을 하나씩 꺼내는 것으로 진행된다. 봉투 속으로 손을 집어넣는 그의 얼굴은 마치 어린 아이가 생일 선물을 풀어보거나 아기가 처음으로 어떤 물건을 볼 때와 같이 한껏 기대감에 부푼 모습이다.

그는 바나나를 꺼낸다. 놀란 듯 그는 움찔 물러선다. 그의 두 눈동자는 기쁨에 차 휘둥그레진다. 회중은 여전히 침묵을 유지한 채 입술을 둥그렇게 말아 경이의 무언극으로 "와우"하고 외친다. 바나나는 참으로 낯설고 기묘한 것이다. 광대는 조심스럽게 바나나를 탐색한다. 냄새를 맡고 신중하게 어루만지다가 마침내는 대담하게 손으로 꽉 움켜쥔다. 껍질을 벗기기 시작한다. 그는 껍질을 조금씩 벗겨내더니 마침내 과감하게 깨물어 먹기 시작한다. 그의 두 눈은 기쁨으로 빛난다.

평범한 세계는 사실 그리 평범한 것이 아니다. 그것의 평범함은 단지 우리의 감수성이 퇴화되었음을 보여줄 뿐이다. 바나나는 더 이상 우리를 흔들어 놓거나 놀라게 하지 못한다. 문제는 바나나에게 있지 않고 우리에게 있다. 바나나는 언제나 이상하고, 놀랍고, 경이로우며, 신비한 것이다. 그러나 점차 우리는 바나나에 익숙해진다. 그러한 과정 속에서 우리는 사물의 고유한 경이로움을 체험할 수 있는 광범한 영역을 체계적으로 지워버리는 것이다.

이러한 상황을 웨일스의 시인 휴 메나이Huw Menai는 이렇게 표현했다.

> 자비로우신 하나님의 능력으로 어느 외로운 장님이
> 갑자기 눈을 뜨면,
> 우리는 모두들 놀라움에 사로잡혀
> 기적이 일어났다 말하리라.
> 하지만 그분이 아낌없는 사랑으로
> 우리의 영혼에 볼 수 있는 눈을 주신 것에 대하여
> 우리는 말한다, 태연하게,
> 하나님은 그저 자연의 법칙을 수행하셨다고!
>
> 「역설Paradox」

이와 관련하여 야오 샨Yao-shan이란 이름의 어느 중국인 선승에 관한 재미있는 일화가 있다. 산꼭대기 밑에 자리 잡은 작은 사찰에서 살고 있었던 그는 저녁마다 잠자리에 들기 전 사원 주위를 산책하는 습관이 있었다. 어느 흐린 날 저녁, 여느 때와 마찬가지로 그는 산책을 하고 있었다. 그러던 중 갑자기 먹구름을 뚫고 커다란 보름달이 얼굴을 내밀었다. 선승은 깜짝 놀라 갑자기 큰소리로 웃기 시작했다. 그의 웃음소리가 어찌나 컸던지, 멀리 떨어진 계곡 아래 마을 사람들까지 잠에서 깨어날 정도였다. 다음 날 마을 사람들은 전날 밤 누가 그렇게 큰 소리로 웃으면서 소란을 피웠는지 서로 탐문하기 시작했다. 마을에서는 끝내 그 범인을 찾을 수 없었던 사람들은 이렇게 결론지었다. "산꼭대기에 계시는 스님이 그분 생애 가장 큰 웃음을 우리에게 주신거야."[3]

이 이야기의 핵심은 무엇일까? 의심의 여지없이 야오 샨은 전에도 셀 수 없이 많이 달을 보아왔을 것이다. 그러나 그가 진정 달을 본 것은 이번이 처음이었다. 당연하고 무미건조하게만 보았던 이전과 달리 이번에는 달의 신비하고 경이로운 진면목을 불현듯 깨달았던 것이다. 그 순간 달은 더 이상 늘 보아온 이전의 친숙한 달이 아니었다. 구름 뒤에 숨어 있던 달은 갑자기 달려들어 그를 놀라게 했다. 그것은 마치 모세의 불타는 가시덤불을 태운 그 불이 갑자기 달과 함께 불타오르는 것 같았다. 그 단순한 경험 속에서 존재의 모든 신비와 경이로움이 그 앞에 드러난다. 그는 웃음을 터트리며, 기쁨에 차 부르짖는다. "이 얼마나 기적 같은 일인가! 이 얼마나 놀라운 일인가!"

종교의 가장 큰 적은 불경이 아니라 무미건조함이며, 반항적인 적그리스도의 마음이 아니라 무감동한 마음이다. 어찌됐거나 하나님에 대한 반항 속에는 어느 정도의 용기와 열정이 내재되어 있는 것이다. 그러나 냉담함과 둔감함, 수동성과 권태로움 속에는 무엇이 있을까? 세상에는 생생함과 경이로움으로 가득 찬 삶을 사는 사람들과, 무의미한 것들의 지루한 연속에 불과한 삶을 사는 사람들이 존재한다. 많은 이들에게 세계는 돼지, 염소, 말, 암소, 닭, 오리, 거위 등이 여기저기 돌아다니는 '맥도날드 할아버지의 농장'(미국의 유명한 동요—역주)과 같이 무수한 경이로운 피조물들로 가득 찬 곳으로 다가가지 않는다. 그들에게 세계는, "여기도 시시하고, 저기도 시시하고, 모든 곳이 시시해, 시시해!"라고 투덜거리는 시큰둥한 곳이 되어버린다.

이 상황은 매혹의 부재라는 교육의 기본 문제와 똑같은 것이다. 우리가 어떤 것을 연구하는 이유는 우선 그것이 우리를 매혹시켰기 때문이다. 그것의 존재 자체가 경이로움을 느끼게 하고 우리를 끌어당겨 무슨 일이 일어나는지 보게 만드는 것이다. 따라서 교육의 가장 큰 적은 "극복할 수 없는 무지"가 아니라 무관심이다. "알게 뭐야?"라는 정신이 지배하게 될 때, 교육은 받아쓰기로 전락하고 만다. 경이로운 일들이 무수히 일어나고 불타는 가시덤불이 수없이 등장한다 할지라도 무관심한 정신은 꿈쩍도 하지 않을 것이다. 배움은 잡다한 정보들의 수집으로 변질되고, 그저 시험에 통과하기 위해 생명 없는 사실의 무더기를 암기하는 지루한 과정으로 전락해버린다.

종교와 교육이 공히 던져야 할 기본 질문은 이런 것이다. 섬광을 발하는 온갖 사물들과 관념들과 사건들이 무수한 방향에서 온갖 형태와 크기로 분출하는 이 세계에서 마지막으로 "와우"라고 외친 것이 과연 언제인가? 종교와 교육은 근본적으로 신비에 대한 깊이 있는 감각을 일깨우는 것이다. 우리는 달이나 바나나, 종과 가시덤불을 무심하게 바라보는 태도를 넘어서도록 인도된다. 그리고는 불현듯 불타오르고 살아나는, 경이로움으로 현존하는 세계에 매혹되게 된다. 그러나 오늘날의 종교와 교육은 그 어떤 불타는 가시덤불도 보지 못하고 그 어떤 종의 떨림도 듣지 못하는 사람들에 의해 끊임없이 위협받고 있다. 아무런 경이로움도 느끼지 못하고, 결코 즐거움을 주거나 즐거워하지도 않으며, "정말이니?"라고 되물을 만큼도 감동받지 못하는 사람들에 의해 말이다.

일반적으로 사람들은 경이wonder를 종교적 미덕의 하나로 생각하지 않는다. 종교적 미덕으로 간주되는 덕목들로는 정직, 믿음, 소망, 사랑과 같은 것들이 있다. 그렇다면, 경이는? 사실 경이는 보다 근본적인, 어쩌면 가장 근본적인 종교적 미덕일지도 모른다. 어쨌든, 동물은 경이를 느끼지 못하지만 사람은 경이를 느끼는 것이다. 암소들은 꼴을 뜯기러 나갈 때 경이를 느낄지도 모른다. 주인을 따라 뒷문으로 끌려 나가는 개도 경이를 느낄 수 있을지 모른다. 그러나 오직 사람만이 우주의 기원이나 삶의 의미나 사후의 삶에 대해 경이를 느낀다. 오직 사람만이 신비감과 경외감을 가지고 달과 별, 그리고 산과 구름을 올려다본다. 오직 사람만이 새의 날개와 꽃의 이파리와 거미가 친 그물을 깊이 생각하며 경이로움을 느낀다. 원숭이는 약속된 보상으로 바나나를 얻어먹으며 경이를 느낄지 모른다. 그러나 바나나 자체에 경이로움을 느끼는 것은 오직 사람뿐이다.

이런 인간의 경탄에서 제외될 수 있는 것은 아무것도 없다. 경이감은 엄청난 사건이나 특별한 현상뿐만 아니라 우리가 경험하는 모든 대상과 사건에서 발생된다. 경이는 중심적인 인간 의식이다. 그러나 경이는, 육체적 감각과 마찬가지로 같은 것을 되풀이하여 경험함으로 인해 둔화될 수 있다. 만물에 대한 경이감은 신선하고 생생하게 유지되어야 한다. 다른 미덕들과 마찬가지로 경이 또한 연마되어야 한다. 우리는 그러나 초자연적인 것이나 특별한 것을 추구함으로써가 아니라, 자연적인 것 속에서 초자연적인 것을 재발견하고 평범한 것 속에서 특별한 것을 재발견함으로써 그렇게 해야 한다. 휘트먼Whitman이 썼듯이, "한 마리의 생쥐라 할지라도 무수한 무신론자들을 비틀거리게 할 수 있을 만큼 신비롭다."

요나가 고래를 삼킨 날

요나는 누구인가? 가장 직접적으로 그는 요나와 같은 태도를 보이는 유대인 동포들이다. 그들이 정당하다는 듯이 그런 태도를 취하는 이유는 그들의 정의 기준이 유대 역사 속에서 아시리아 인들이나 다른 정복자들의 압제를 받으며 만들어진 것이기 때문이다. 그런 태도들은 아브라함의 축복과 언약을 받은 자녀들에게 부여된 신성한 지위라는 명목으로 정당화할 수 있는 것처럼 보일지도 모른다. 그러나 그런 정당화들은 결국 하나님의 은혜라는 더 높은 법정과 더 큰 지혜 앞에서는 정당화되지 못한다.

신학교 학생 시절 나는 요나서에 관한 주중 성경공부를 인도해 줄 것을 요청받은 적이 있다. 나는 마음을 가볍게 한다는 의미에서 요나를 삼켰다는 그 "거대한 물고기"로부터 이야기를 풀어나가기로 마음먹었다. 이것이 그 책의 주요 관심사는 아닐지라도, 어른 남자를 한 입에 삼킬 만큼 큰 고래가 있을 수 있는지, 만약 그렇다면 그런 고래의 뱃속에서 질식되거나 위액에 녹지 않고 사흘을 버틸 수 있을 만큼 강인한 사람이 있을 수 있는지에 관한 의문에 종종 관심이 집중되고 있었기 때문이다. 나는 이런 신비한 문제에 덧붙여, 요나가 설령 불굴의 의지와 용기로 살아남을 수 있었다 할지라도, 그 후 어떻게 니느웨까지 600마일이나 걸어가서 설교를 할 수 있었는가 하는 문제를 제기했다. 그리고는 어쨌든 요나서의 핵심은 그런 문제들이 아니기 때문에, 고래가 요나를 삼켰는지 아니면 요나가 고래를 삼켰는지는 그다지 중요한 문제가 아니라고 말해 주었다.

그러나 나의 학생들 대다수에게 그 문제가 참으로 중요한 문제였다는 것을 나는 곧 알게 되었다. 단 세 사람만이 그런대로 호의적인 반응을 보여주었고, 나머지는 냉담한 침묵으로 일관하고 있었다. 그들은 내가 이런 일련의 사건들이 얼마든지 일어날 수 있고, 또 실제로 일어났으며, 성서는 하나님의 기적에 관한 역사적인 기록으로서 그 이야기를 전하고 있고, 따라서 그 이야기는 요나라는 이름의 매우 불순종적인 한 예언자에 관한 간략한 전기라는 증거를 제시해 주기를 기대하고 있었던 것이다. 그들은 이런 관점을 뛰어 넘어 내가 말하려고 했던 요나서의 종교적 메시지, 즉 하나님 은혜의 어리석음이라는 메시지에 대해서는 거의 귀담아 듣지 않았다.

이 경험을 통해 얻은 교훈 중의 하나는 하나님이 나를 홀로 무대에 서서 사람들을 웃기는 희극배우로 부르시지는 않았다는 사실을 분명히 깨닫게 된 것이었다. 그러나 나는 유머가 성서 문학과 설교와 기독교인의 삶에서 중요한 부분을 차지한다는 신념을 포기하지는 않았다. 그리고 요나서가 해석자들이 그것을 역사적인 문헌으로 가정하고, 터무니없이 고래의 입과 위장에 대한 억측에 몰두해 오는 바람에 매우 오해되어온 독특한 책이라는 나의 믿음 또한 조금도 흔들리지 않았다. 나는 또한 요나서의 독특함은 그 책의 주목할 만한 유머에 있으며, 그 유머의 많은 부분은 니느웨 사람들에게 하나님의 메시지를 전하지 않으려고 어떻게든 도망치려고 했던 한 전령의 희극적인 초상에 있다는 생각을 끝까지 고수했다. 사실 요나는, 만약 가능하기만 했다면, 그 고래를 삼켜버렸을 것이다. 그것이 그가 니느웨로 가지 않을 수 있는 유일한 방법이었으니까.

예언자 같지 않은 예언자

요나서는 분명 평범하지 않은 책이다. 17개의 예언서 가운데 포함되어 있지만, 요나서에는 예언이나 설교가 거의 존재하지 않는다. "사십 일만 지나면 니느웨가 무너진다!"는 실현되지 않는 예언이 전부이다. 요나서는, 역사적이고 전기적인 정보는 최소한으로 그치고 다방면에 걸친 비전과 설교들로 가득 찬 다른 예언서들과는 다르다. 그 책은, 하나님이 그렇게 하도록 강제하실 때까지 하나님의 메시지를 전하는 것을 거부한 어느 반항적이고 비타협적이며 무자비한 전령에 대한 이야기에만 집중하고 있다.

요나는 또한 다른 히브리의 예언자들과도 다르다. 그 어디에도 그가 예언자로 특별히 언급되는 곳은 없다. 그는 거짓 예언자로 묘사되지는 않지만, 아모스, 이사야, 예레미야, 에스겔 등과는 매우 다르다. 나아가 그는 하박국, 학개, 오바댜 같은 소선지자들과도 다르다. 요나서와 요나서의 그 "예언자"가 매우 비예언자적인 특성을 지니고 있음을 고려하면, 적어도 이 자료가 특별한 해석적 규범을 필요로 하지 않는지 의심해보아야 할 것이다. 사실 그런 예언자 같지 않은 예언자와 비예언적인 책이 역사서가 아니라 예언문학 속에 포함되어 있다는 사실 그 자체가 암시하는 바는 이 이야기를 역사로 분류하는 것이 적절치 않다는 것일 것이다.

요나서가 예언서라면 그 까닭은 요나의 이야기 자체가 지닌 예언적인 메시지 때문일 것이다. 실제 예언자는 요나서의 저자이다. 그는 요나의 이야기를 통해 자신의 예언을 전하고 있는 것이다. 그런 점에서 그는 예언자 나단과 비슷하다. 나단은 정도를 벗어난 다윗 왕 앞에 나타나서는 짐짓 아무것도 모르는 것처럼 (부자와 가난한 목동들에 관한) 이야기를 함으로써 다윗으로 하여금 부지불식간에 스스로의 잘못을 깨닫게 한다. 나단은 그냥 이렇게만 말했을 뿐이다. "당신이 그 사람입니다!"

예수님이 요나 이야기를 언급했다는 사실["요나가 사흘 낮과 사흘 밤 동안을 물고기 뱃속에 있었던 것 같이, 인자도 사흘 낮과 사흘 밤 동안을 땅 속에 있을 것이다."(마태복음서 12:40)]이 그 이야기의 역사성을 입증해 주지는 않는다. 그러한 언급은 비교를 위해 친숙한 이야기의 한 장면을 끌어온 것에 지나지 않는다. 예를 들어, 어떤 작가가 『햄릿』이나 『오셀로』의 한 장면을 오늘날의 어떤 상황을 설명하는 한 사례로 인용했다면, 우리는 이것을 그 작가가 그 희곡들을 전기나 역사서로 믿었다는 증거로 받아들이지는 않을 것이다.

성서적인 맥락에서 볼 때, 요나라는 인물은 니느웨라는 이방 도시의 모든 사람들이 완전히 회심하여 멸망을 피할 수 있었다는 전대미문의 사건에 대한 역사적 설명으로도 사용될 수 없다. 그런 회심에 대한 어떤 확증적인 증거도 성서 안팎에서 발견된 적이 없는 것이다. 열왕기하 14:25절을 보면, 여로보암 시대에 요나라는 이름을 가진 한 예언자가 있었다는 언급이 나오기는 한다. 그러나 만약 요나서가 그의 전기라면, 요나서는 실제 일어났던 사건과 정반대 되는 내용을 기록하고 있는 셈이 된다. 왜냐하면 요나가 살았던 시대를 전후해서 니느웨는 회심은커녕 오히려 이스라엘을 침공해서 정복하기 때문이다. 아시리아의 문서들도 그와 같은 극적인 회심에 대해서는 전혀 언급하는 바가 없다. 그 문서들은 외려 군사 활동과 아시리아 신전의 신들에 대한 숭배에 대해서만 끊임없이 기록하고 있을 뿐이다. 게다가 니느웨는 요나서에서처럼 파괴로부터 구원되는 것이 아니라 기원전 612년에 바빌로니아에 의해 멸망당하게 된다.

요나서의 당대 청중들은 니느웨 사람들이 종교적이고 도덕적인 변화를 보여주기는커녕, 아시리아 제국의 주요 도시의 거주민들로서 유대 도시들을 황폐화시키고, 수많은 유대 사람들을 죽였을 뿐만 아니라, 생존한 주민들을 강제 이주시키고, 제국의 다른 식민지들로부터 많은 비유대인들을 유대 지역으로 유입시킨 장본인임을 잘 알고 있었다.(열왕기하 17) 그러나 요나서는 비록 역사적으로 앞뒤가 뒤바뀐 내용을 담고 있다 할지라도, 아니 바로 그 터무니없음 때문에 더욱 효과적인 풍자문학의 면모를 지닐 수 있게 된다. 그 어떤 다른 나라의 도시나 사람들도 니느웨와 아시리아 사람들만큼 경멸받지는 않았을 것이다. 요나서의 저자는 그들만큼 하나님의 은혜를 받을 가능성이나 가치가 없는 대상을 발견할 수 없었을 것이다. 니느웨는 요나서가 보여주고자 하는 윤리적이고 신학적인 문제를 위한 가장 극단적인 (그래서 가장 이상적인) 사례이다. 니느웨 사람들에게 설교를 하라는 요나의 임무는 이런 문제들에 대해 유대인들이 취해야 할 태도와 입장에 대한 최상의 척도를 제시한다. 그것은 또한 하나님의 자비와 용서에 관한 최상의 기준을 제시하기도 한다.[1]

희극적인 풍자

요나서를 세심하게 읽고 요나와 다른 예언자들 간의 차이를 깊이 있게 비교해 보면, 요나의 이야기가 일종의 풍자, 특히 희극적 풍자라는 사실을 알 수 있다. 그 이야기의 희극적인 면들은 어느 정도 다루어진 바가 있다. 예를 들어, 제임스 스마트James D. Smart는 『해석자 성서』에서 요나서를 꼭 집어 희극적 풍자로 규정하진 않았지만, 그 속에 녹아있는 다양한 희극적 특징들을 지적한 바 있다. 그는 요나의 행동에서 "비일관성"과 "백치라고 할 수 있을 정도로 부조리성"이 두드러짐을 주목한다. 그는 그 이야기가 "희화화"caricature와 더불어 간간히 "냉혹한 유머"grim humor를 사용하고 있으며, "3-4장에 등장하는 요나의 모습은 매우 익살맞다"고까지 주장한다. 희극 문학의 이런 다양한 특징들에 주목하면서 스마트는 그 이야기를 희극이나 희극적 풍자로 규정하기 직전까지 나아간다. 아마도 그가 거기에서 멈춘 것은 성서 문헌에 대한 전통적 가정들이 희극을 하나의 선택사항으로 포함하지 못했기 때문이었을 것이다.[2]

그러나 요나서의 그 모든 세부적인 양상들은 그것이 의도적으로 희극적 풍자로서 전개되었음을 보여준다. 완전히 비협조적인 예언자의 희극적 성격과 행동 속에는 우리가 교만, 편견, 편협함, 완고함, 배타주의, 이기주의, 증오, 위선 등과 연결시키는 다양한 악들이 풍자되고 있다. 사실 그 이야기에서 중심적인 것은 인간의 지혜와 하나님의 어리석음이라는 성서적 주제에 대한 희극적 묘사이다.

요나는 미움 받는 니느웨 사람들이 아무런 경고와 자비도 없이 "그들에게 닥칠 것을 받아" 마땅하다는 관습적인 정의감을 고수한다. 하나님은 "악인의 길은 망할 것"(시편 1:6)이라고 말씀하시지 않았던가? 요나는 아시리아의 제국주의적 야망이 자행한 파괴와 약탈에 대한 보복과 복수가 조금이라도 불충분하게 이루어지는 것을 바라지 않았다. 불충분한 복수는 정의와 공평에 대한 조롱이 될 것이다. 그들은 엄청난 죄를 지었으므로 반드시 죄에 대한 대가를 지불해야 한다. "눈에는 눈으로, 이에는 이로!" 니느웨 사람들에게 임박한(사십 일 후에) 멸망을 경고해 주어야 한다는 생각은 요나에게 있어서 단지 그들에게 재앙에 대비하거나 그것을 피할 기회를 줄 수 있을 뿐인 헛된 시도인 것처럼 보였다. 요나의 감수성에 더욱 거슬리는 것은 그들에게 충분한 경고가 주어짐으로써 그들이 자비를 간청할 수 있는 기회를 얻게 되는 것이었다. 그렇게 되면 작은 감동에도 마음을 잘 바꾸시는 것으로 유명한 하나님께서 니느웨에 대한 노여움을 푸시고 그들을 용서해 주실 것이기 때문이다. 요나가 보기에 그것은 가장 결정적인 하나님의 어리석음이었을 것이다.

그 역사적 가치가 무엇이든 요나서는 희극적 일화로서 씌어진 것이다. 요나의 입장 속에 놓여있는 모순들을 드러내기 위하여 여러 가지 희극적 장치들이 사용되었다. 그 가차 없는 결말(니느웨의 멸망)과 관련하여 요나는 인간관계에 대한 비극적 관점을 고수한다. 그것은 하나님과 니느웨 사이, 혹은 이스라엘과 니느웨 사이에 어떠한 화해도 있을 수 없다는 것이다. 요나의 모든 행동에는 이런 관점이 전제되어 있다. 요나서의 저자는 이런 관점을 비판하고 조롱한다. 그는 인간관계에 대한 희극적 관점을 제시한다. 이 희극적 관점 속에서는, 설령 니느웨가 하나님 앞에서 큰 죄를 짓고 이스라엘에게 큰 악을 행했다 할지라도, 그리하여 그들이 보복과 파멸을 당해 마땅하다 할지라도, 더 높고 고결한 수준의 관계가 존재한다. 이런 보다 높은 지평에서는 니느웨가 하나님과 이스라엘의 용서를 받을 수 있다. 보다 높은 지평에서는 동정과 아량, 뉘우침과 화해가 가능하다.

요나의 주장들은 매우 설득력이 있다. 우리 역시 종종 우리의 상대들이나 적들과 관련한 그와 비슷한 주장들에 설득되지 않는가. 그러나 비타협적으로 자신의 원칙을 지키려는 요나의 시도는 하나님이 아니라 요나 자신이 바보가 되는 것으로 귀결된다. 차례차례 요나의 지혜는 어리석음으로 바뀌고, 그의 단순한 정의는 불의가 되며, 그의 자기 정당성은 위선으로 전락한다.

이러한 주제를 다루는 보다 효과적인 방법 중의 하나는 그것을 직접적으로 설교하는 것이 아니라 아이러니, 풍자, 그리고 유머를 통해 간접적으로 접근하는 것이다. 희극은 보다 교묘한 방법을 제공한다. 그것은 부지불식간에 다가와 우리의 호주머니를 턴다. 다른 은유를 사용하자면, 희극은 그럴듯한 미끼를 단 낚싯바늘로 우리를 유혹한다. 우리는 요나의 특성들, 즉 그의 자기중심성과 편협성, 극단적인 행동과 자기모순성을 보며 그를 비웃는다. 그리고 요나를 비웃던 우리는 불현듯 스스로를 비웃고 있음을 깨닫게 된다.

요나서에는 희극 교본에 나올만한 거의 모든 장치가 이용되고 있다. 과장, 축소, 뜻밖의 일, 정반대의 반응, 불일치, 부적절한 응답, 바보 같은 행동, 부조리 등등. 그런 장치들을 재미있게 따라가는 과정에서 우리는 우리 자신이 심판 받고 유죄임이 입증됨을 깨닫게 된다. 요나에 대한 우리의 비웃음은 우리 자신에 대한 심판이 된다. 그의 지혜가 어리석음으로 바뀌는 것을 보고 즐거워하던 우리는 그 희극적 거울 속에서 우리 자신의 지혜가 실은 어리석음이었음을 발견한다. 이것이 희극의 위대한 능력이다. 요나서는 가장 뛰어나고 가장 빠른(最古) 희극 중의 하나이다. 우리가 그 희극의 핵심을 전부 이해한다면, 우리는 우리 내부에서 "네가 그 사람이다"라고 말하는 작고 조용한 음성을 듣게 될 것이다.

처음 부분에 나오는 "정반대의 반응"이라는 희극적 장치가 가져오는 완전한 효과를 이해하기 위해서는 그 이야기의 지리적 맥락을 먼저 떠올려보아야 한다. 니느웨는 이스라엘 북동쪽에 있는 반면에 다시스(아마 오늘날의 스페인)는 보통 서쪽으로 가장 먼 곳으로 간주된다. 니느웨 사람들에게 설교하라는 하나님의 명령이 주어졌을 때 요나가 취한 첫 번째 반응은 가능한 한 빨리 정반대 방향으로 도망치는 것이었다. "요나는 주님의 낯을 피하여 다시스로 도망가려고, 길을 떠나 욥바로 내려갔다. 마침 다시스로 떠나는 배를 만나 뱃삯을 내고, 사람들과 함께 그 배를 탔다."(1:3) 요나가 하지 않은 일도 주목해 보라. 그는 예언자로서 마땅히 응답해야 할 바("주여, 제가 여기 있나이다. 저를 보내소서.")대로 응답하지 않았다. 주님의 말씀이 주어지자 요나는 순종하기는커녕 그의 짧은

다리로 가능한 한 빨리 그 자리를 빠져 나왔다.

요나에게 주어진 최초의 임무가 그 도시를 회심시키거나 어떤 타협이나 화해를 이루라는 것이 아니라, 그 도시에 대항해서 "그들의 죄악이 내 앞에까지 이르렀다"(1:2)고 그저 "외치는" 것이었음을 고려하면, 그의 반응은 더욱 극단적인 것이다. 이스라엘에서 누가 그런 메시지에 반대할 수 있겠는가? 그 메시지는 이스라엘의 모든 사람들이 니느웨를 향해 외쳤던 것임에 틀림없지 않은가? 요나는 물론 나중에 그가 니느웨를 비난하고 그 도시가 멸망하는 것을 보고 싶은 만큼, 그들이 자기 죄를 뉘우쳐서 하나님이 그들에게 자비를 베풀게 되는 것을 두려워했다고 설명한다. 아마도 요나는 그 도시가 파괴될 것이라는 보증을 받았다면, 아무런 질문이나 불평 없이 곧장 니느웨로 달려갔을 것이다. 그러나 그는 하나님 특유의 정의감과 마음 바꾸심에 대해 걱정하고 있다. 그것은 말라기서 3:14, 15에 나오는 백성들의 불평과 비슷하다.

> "하나님을 섬기는 것은 헛된 일이다. 그의 명령을 지키고, 만군의 주 앞에서 그의 명령을 지키며 죄를 뉘우치고 슬퍼하는 것이 무슨 유익이 있단 말인가? 이제 보니, 교만한 자가 오히려 복이 있고, 악한 일을 하는 자가 번성하며, 하나님을 시험하는 자가 재앙을 면한다!'

또한 요나는 처음부터 서로 관련된 두 가지 자기모순에 빠져있는 것으로 묘사되는데, 그 모순들은 요나 이야기를 전개시키고 메시지를 만들어내는 핵심적 역할을 담당하고 있다. 요나는 이스라엘이 하나님에 대한 민족적 관점과 우주적 관점 사이에서, 그리고 인간에 대한 지엽적 시각과 보편적 시각 사이에서 겪고 있던 긴장들을 반영한다. 요나가 "주님의 낯presence"을 피하여 도망치고 있다는 표현이 첫 번째 장에 세 번이나 언급된다.(1:2, 3, 10) "주님의 낯"이란 이스라엘, 특히 예루살렘 성전에서의 하나님의 제의적 임재를 표현하는 일반적인 용어이다. 그러나 이스라엘에서의 하나님의 특별한 임재와 사역에 대한 지나친 강조는 그 밖의 다른 곳에서의 하나님의 특별한 임재와 사역의 가능성을 부인하는 결과가 될 수 있다. 히브리인들에게 부여된 하나님의 동정과 은혜는 그 밖의 다른 사람들, 특히 사악한 니느웨 사람들에 대한 동정과 은혜를 배제하는 것으로 생각되기 쉬웠다.

그 이야기에 나오는 이방인 뱃사람들조차 몇 가지 측면에서 요나보다 훨씬 더 모범적인 것처럼 보인다. 폭풍우를 만나자 그들은 하나님께 기도한다. 그들이 생각하는 하나님은 폭풍우 속에 임재하시며 자신들의 기원을 즉각 들어주실 수 있는 분이다. 그에 반해 요나는 결국 물고기 뱃속에서 기도에 의지할 때조차도 하나님이 멀리 예루살렘에 계시는 것처럼 생각하면서 기도한다.(2:7) 요나의 생각 속에서는, 하나님의 임재는 주로 이스라엘에서만 이루어지고 오직 성전을 통해서만 체험할 수 있는 것이었다. 따라서 그가 더

빨리 도망쳐서 지중해 멀리까지 갈 수 있었다면(다시스까지 갈 수 있었다면 더 확실했을 것이다), 하나님도 더 이상 그에게 미칠 수 없었을 것이다. 그는 하나님의 명령이 미치지 못하는 스페인의 리비에라에서, 붙잡힐 것이라는 두려움 없이 여생을 보낼 수 있었을 것이다!

하나님이 요나가 탄 배를 좇아 폭풍우를 보내시고 뱃사람들은 배가 가라앉지 않도록 배 밖으로 짐을 내던지면서 "각자 자기 신에게…"라고 외치기 시작하는데, 요나는 어디에 있을까? 그는 선창에 내려가 잠자고 있다. 요나는 자신이 하나님의 낯으로부터 멀리 벗어났다고 굳게 믿는다. 주님의 말씀에 불복종한 것에 대한 양심의 가책에서도 벗어나고, 니느웨 사람들에게 하나님이 하실 일은 이제 없어졌다는 믿음에 마음도 편안하다! 배는 침몰하기 직전이고 다른 모든 사람들은 미친 듯이 달려들어 배를 가볍게 하기 위해 짐을 내던지고 있는데, 요나는 흔들리는 요람 속의 아기처럼 평화롭게 잠자고 있다!

한편, 뱃사람들이 재앙을 가져온 장본인을 가리기 위해 제비뽑기를 하자 요나가 뽑힌다. 요나는 "하늘에 계신 주 하나님, 바다와 육지를 지으신 그분을 섬기는[경외하는] 자"(1:9)라고 자신을 소개하고는 그간의 일을 설명하기 시작한다. 그렇다면, 어떻게 요나는 육지를 떠나 바다로 가면 그 하나님으로부터 벗어날 수 있으리라고 생각할 수 있었을까? 시편 139편의 말씀을 요나는 망각했었을까? "내가 주님의 영을 피해서 어디로 가며, 주님의 얼굴을 피해서 어디로 도망치겠습니까?"

주님을 경외한다는 요나의 경건한 고백은, 그의 불복종과 니느웨로부터 가능한 한 멀리 도망가려는 그의 시도를 고려하면 다소 앞뒤가 안 맞는 것처럼 보인다. 그의 행동은 스스로를 하나님을 섬기는 히브리인이라고 주장하는 사람으로부터 기대할 수 있는 것과는 완전히 반대되는 것이다. 그가 두려워하는 유일한 것은 니느웨 사람들이 회개하여 하나님이 그들에게 자비를 베풀지도 모른다는 것이다.

뱃사람들이 어떻게 해야 그의 하나님을 진정시킬 수 있는지를 요나에게 물었을 때, 더욱 놀라운 일이 벌어진다. 요나는 이렇게 대답한다. "나를 들어서 바다에 던지시오. 그러면 당신들 앞의 저 바다가 잔잔해질 것이오."(1:12) 물론 요나는 다시 생각하여 니느웨로 가겠다고 말할 수도 있었다. 그러나 아니었다. 요나는 니느웨로 가서 설교하거나 니느웨 사람들이 살아 번성하는 것을 보느니 차라리 지중해 한가운데에 빠져 죽으려고 했던 것이다.

요나의 대답은 요나에 대한 이방 뱃사람들의 태도와 놀라운 대조를 이룬다. 요나는 그들의 물건을 잃고 배가 파손되고 생명도 위협받고 있는 것은 모두 자기 때문임을 이제 인정했다. 그러나 뱃사람들은 요나에게 화를 내며 당장 그를 바다에 내던져버리지 않고 오히려 "육지로 되돌아가려고 열심히 노를 저었다."(1:13) 바꿔 말하자면, 만유의 아버지이신 한 분 하나님을 경배하는 경건한 히브리인 요나는 이방의 니느웨 사람들에 대해 일말의 동정심도 가지고 있지 않았다. 그는 그저 아무런 경고 없이 그들이 파멸되기만을 바랐다. 그에 반해 이방인 뱃사람들은, 설령 그들이 요나의 죄 때문에 모든 것을 잃게 된다 하더라도, 요나에게 동정심을 가지고 기꺼이 생명의 위협을 무릅쓰고 그를 구하기 위해 노력했던 것이다. 그러나 "바다에 파도가 점점 더 거세게 일어났으므로 헛일이었다." (1:13) 그들은 요나의 제안을 수락하는 책임을 자신들에게 묻지 말아 주시기를 하나님에게 기도한 후에야 마지못해 그를 바다에 던진다.

그 즉시 폭풍이 잠잠해진다. 요나가 바다 속으로 가라앉자마자 큰 물고기 하나가 와서 요나를 집어삼킨다. 설상가상으로 물고기는 요나가 떠났던 그 해안으로 곧장 헤엄쳐 돌아온다. 사흘 밤낮이 지난 후 물고기는, 틀림없이 심한 소화불량으로 "요나를 뭍에다가 뱉어냈다."(2:10) 그리하여 하나님은 요나가 당신의 낯으로부터 달아나거나 자살을 통해 그의 사명으로부터 도망치는 것을 허락하지 않으신 것이다. 그 대신 하나님은 왕복 티켓 없이도 요나를 니느웨로 곧장 데려다 줄 교통수단을 제공하셨다. 요나는, 몸부림치고 절규하면서 자신의 출발점으로 되돌아왔다.

말놀이

아마도 오늘날의 사람들은 빌 코스비(미국의 유명한 코미디언—역주)가 노아의 홍수 이야기를 다시 말하는 식으로 요나의 이야기를 상상해보면 요나의 어리석음이 주는 희극적 효과를 더 잘 이해할 수 있을 것이다. 그러나 현대 문화의 관점에서 그 이야기에 접근하는 것은 분명 좋은 방법이 아니다. 예를 들어, 요나의 희극적 캐리커처의 몇몇 세부항목들은 히브리 문화 속에서 보다 분명하게 드러난다. 의심할 여지없이 이러한 암시는 처음 그 이야기를 듣거나 읽은 사람들에게 보다 선명하게 다가올 것이다.

요나서의 첫 문장은 적절한 사례이다. "주님께서 아밋대의 아들 요나에게 말씀하셨다." 무척 단순해 보이지만, 히브리에서 이는 앞으로 전개될 이야기에 중심적인 두 개의 중요한 암시들을 함축하고 있다. 요나는 "비둘기"를 의미한다. 시편 74:19에서와 같이 이는 때때로 이스라엘 백성들에게 사용되는 은유이다. 이제 그 비둘기의 이미지는 그 이야기가 전개됨에 따라 요나(이스라엘)의 원래 모습과 정반대되는 일련의 연상들을 만들어낸다.

비둘기는 노아가 홍수 후에 땅을 찾기 위해 비둘기를 날려 보낼 때와 같이 희망과 관련된다. 그러나 이 비둘기(요나)는 그것과 가장 대조적인 방식으로 행동한다. 그는 임박한 멸망에 대해 경고하기 위해 파송되지만, 심판이 되돌려지지 않게 하기 위해 그것을 거부한다. 또한 비둘기는 시편 55:6에서처럼 고난과 악으로부터 벗어남이란 주제와 연관된다. "나에게 비둘기처럼 날개가 있다면, 그 날개를 활짝 펴고 날아가서 나의 보금자리를 만들 수 있으련만." 그러나 이 비둘기(요나)는 니느웨가 멸망할 운명을 피할 수 없게 되기를 바라면서 자신의 사명을 회피하려 한다. 나아가 비둘기는 사랑받는 자를 비둘기에 비유하는 솔로몬의 노래(아가서)에서처럼 사랑과 관련되기도 한다. "바위틈에 있는 나의 비둘기여, 낭떠러지 은밀한 곳에 숨은 나의 비둘기여, 그대의 모습, 그 사랑스런 모습을 보여주오. 그대의 목소리, 그 고운 목소리를 들려주오."(2:14) 그러나 이 비둘기(요나)는 니느웨에 대해 사랑은 고사하고 일말의 동정이나 연민도 없다. 요나는 전혀 비둘기가 아니다. 그는 매다. 요나에게 직접 적용할 수 있는 유일한 히브리적 비유는 그가 "어리석고, 줏대 없는 비둘기"(호세아서 7:11) 같다는 것일 것이다. 확실히, 변덕스러움과 어리석음은 그 이야기 전체에서 시종일관하는 요나의 행동을 적절하게 표현해주는 말이다.

첫 문장에 담긴 또 다른 반어적 암시는 "아밋대의 아들"이라는 구절에 함축되어 있다. 아밋대는 "충실함"을 의미한다. 그 이야기가 다룰 두 번째 모순이 처음부터 암시된다. 이 "충실함의 아들"은 완전히 비순종적이다. 하나님의 명령에 대한 그의 대답은 철저히 그것에 대립한다. "충실함의 비둘기 아들"은 희망과 사랑과 구원의 올리브 잎을 조금도 나르지 않기 위해서 정반대 방향으로 날아가

버린다.

"아밋대의 아들 요나"가 유일하게 등장하는 또 다른 성서적인 맥락도 이 이야기와 관련하여 똑같이 중요하다. 열왕기하 14:25의 요나는 여호아스의 아들 여로보암의 통치기에 활동했던 예언자이다. 여로보암은 "주님께서 보시기에 악을 행하고, 이스라엘로 죄를 짓게 한"(열왕기하 14:24) 매우 사악한 왕으로 분류된다. 그러나 여로보암의 사악함에도 불구하고 하나님은 그의 자비하심으로, "이스라엘의 이름을 하늘 아래에서 지워 없애겠다고 말씀하시지 않았기 때문에, 여호아스의 아들 여로보암을 시켜서 그들을 구원하실 것"이라고 결정하신다.(14:27) 커다란 악에도 불구하고 이루어지는 구원이란 주제는, "아밋대의 아들 요나"가 지닌 문자적인 의미와 함께, 희극적 우화를 전개하는데 특히 유용한 요나의 이름과 관련한 여러 연상들을 만들어냈다.

요나서에 사용된 또 다른 희극적 장치는 상승과 몰락의 이미지를 병치시키는 것이다. 요나에게 주어진 명령은 "일어나서 니느웨로 가라"는 것이었다.(1:2) 요나의 즉각적인 반응은 일어나 "다시스로 도망가는 것"이었다. 이 도망은 일련의 하강으로 묘사된다. 요나는 욥바로 "내려가서" 배를 탔다. 바다에서 그는 배의 선창으로 "내려갔고", "누웠으며", 깊은 잠으로 떨어졌다. 배를 구하기 위해 필사적으로 노력했던 뱃사람들은 요나를 찾아내 명령하기를, "일어나서" 그의 하나님에게 부르짖어 간청하라고 했다. 그들이 그 상황을 초래한 장본인을 찾기 위해 제비뽑기를 하자, 제비가 "요나에게 떨어졌다." 요나는 회개하고 일어나 니느웨로 간다고 하지 않고 오히려 바다로 던져져서 죽어 지옥에 떨어지겠다고 자원했다. 문자적으로나 비유적으로, 요나는 일어나 니느웨로 가는 것을 피하기 위해 아래로, 아래로, 아래로, 아래로 내려갔다. 그러나 요나가 아무리 밑으로 내려가고 불순종으로 아무리 깊이 침몰했다 하더라도, 하나님은 나중에 니느웨를 멸망으로부터 구원하셨던 것처럼 요나를 파멸로부터 구원하셨다. 다른 점이 있다면, 니느웨는 회개를 한 반면 요나는 하지 않았다는 것이다. 큰 물고기가 그를 삼켜서 다시 니느웨 방향으로 데려 갈 때, "저주들이여, 다시 물러갈 지어다"라고 중얼거리는 그를 우리는 상상할 수 있을 것이다.

실제로 요나는 물고기 뱃속에서 사흘 내내 계속 중얼거린다. 그가 중얼거린 것은 긴 기도였다. 일부 해석자들은 그 기도가 요나의 성격과 맞지 않고, 처해있는 상황을 고려해 보면 지나치게 웅변적이라는 이유로 후대에 덧붙여진 것이라고 주장해왔다. 그러나 그 기도는 1장에 나오는 하강의 주제를 폭포처럼 길게 이어지는 이미지의 흐름으로 되풀이한다.

"내가 스올 한가운데서 살려달라고 외쳤더니,
주님께서 나의 호소를 들어주셨습니다.
주님께서 나를 바다 한가운데,

깊음 속으로 던지셨으므로,
큰 물결이 나를 에워싸고,
주님의 파도와 큰 물결이 내 위에 넘쳤습니다…
물이 나를 두르기를 영혼까지 하였으며,
깊음이 나를 에워쌌고,
바다풀이 내 머리를 휘감았습니다.
나는 땅 속 멧부리까지 내려갔습니다.
땅이 빗장을 질러 나를 영영 가두어 놓으려 했습니다만…"

(요나서 2: 2-6)

덜 시적인 다른 말로 표현하자면, 요나는 돌처럼 바닥에 가라앉았던 것이다!

  기도 그 자체는 그 경건함으로 인해 모범적인 것처럼 들린다. 또한 그것은 요나가 극적인 회심을 체험했음을 보여준다. 그러나 좀 더 자세히 살펴보면, 그것은 극한 상황에 처해 마지막 피난처로서 하나님에게 되돌아온 자의 기도이다. 경건한 말과 거창한 약속과 신성한 맹세는 절망적인 상황에 처한 영혼들로부터 쉽게 쏟아져 나온다. 존 홀버트John Holbert가 지적했듯이, 요나의 기도는 우리가 "여우 굴"(fox-hole. 피난처, 은신처라는 뜻—역주) 종교라고 부르는 것에 가깝다.[3] 이 경우엔 "물고기 뱃속"fish-belly 종교라고 해야 더 정확할까? 어쨌든 요나가 얼마나 회심했는지는 다소 의심의 여지가 있다.

비록 요나는 하나님이 물고기를 내려 보내서 그를 삼키게 하심으로써 죽음으로부터 구출하셨음을 인정하지만, 자신의 죄나 악행에 대해서는 한 번도 인정하지 않는다. 그는 결코 자백하거나 회개하지 않는다. 사실, 하나님의 구원에 대해 감사드리는 동안에도 ["주님께서 그 구덩이 속에서 내 생명을 건져 주셨습니다."(2:6)] 요나는 자신의 곤경에 대한 책임을 모두 하나님에게 돌린다. 그리하여 2장의 기도에서도 요나의 입장과 행위 속에 내재한 자기모순들에 대한 희극적 풍자가 계속된다. 요나를 바다 속에 던지라고 제안했던 것은 하나님도 이방 뱃사람들도 아닌 바로 요나 자신이었다. 그러나 기도 속에서 그는 그 책임을 완전히 하나님에게 돌린다. "주님께서 나를 바다 한가운데, 깊음 속으로, 던지셨으므로… 내가 주님께 아뢰기를 '주님의 눈앞에서 쫓겨났어도, 내가 반드시 주님 계신 성전을 다시 바라보겠습니다' 하였습니다."(2:3-4)

요나는 그 체험으로부터 하나님의 임재에 대해 알게 된 것이 거의 없는 것처럼 보인다. 그는 여전히 하나님을 이스라엘의 하나님으로 제한하고, 하나님이 예루살렘 성전 안에 계신 것으로 상상한다. 이것은 7절에서 재확인된다. 여기에서 요나는 "나의 기도가 주님께 이르렀으며, 주님 계신 성전에까지 이르렀습니다"라고 말한다. 요나는 여전히 시편 139편의 신학에 도달하지 못했다. "내가… 스올에다 자리를 펴더라도 주님은 거기에 계십니다. 내가 저 동녘

너머로 날아가거나, 바다 끝 서쪽으로 가서 거기에 머물지라도, 거기에서도 주님의 손이 나를 인도하여 주시고, 주님의 오른손이 나를 힘있게 붙들어 주십니다."(시편 139:8-9) 더욱 적절한 것은 아마도 아모스서 9:2-3의 말씀일 것이다.

> "비록 그들이 땅 속으로 뚫고 들어가더라도,
> 거기에서 내가 그들을 붙잡아 올리고,
> 비록 그들이 하늘로 올라가더라도,
> 거기에서 내가 그들을 끌어내리겠다…
> 비록 그들이 내 눈을 피해서 바다 밑바닥에 숨더라도,
> 거기에서 내가 바다 괴물을 시켜 그들을 물어 죽이게 하겠다."

요나서의 경우, 그 "괴물"은 먹이를 통째로 삼켰다가 극심한 소화불량에 걸려서 결국 스스로 뭍에까지 오르게 된 큰 물고기이다. 2장에서 마지막 문장들의 병치는 특히 유머러스하다. 요나가 경건하게 "구원은 오직 주님에게서만 옵니다"라고 외치자마자 물고기가 토하기 시작하는 것이다! "물고기가 요나를 뭍에다가 뱉어냈다."(2:9, 10) 마침내 기나긴 하강 곡선이 역전된다. 그는 이제 문자 그대로 바다의 심연으로부터 올라와서 물고기 뱃속으로부터 내뱉어진다. 그것은 성서에 등장하는 구원의 예들 가운데 가장 민망하고 부끄러운 사례임이 분명할 것이다.

희극적 과장과 축소

"주님께서 또다시 요나에게 말씀하셨다. '너는 어서 저 큰 성읍 니느웨로 가서, 이제 내가 너에게 한 말을 그 성읍에 외쳐라.'"(3:1-2) 이 때의 요나는 좀 더 수용적이다. 물고기 뱃속에서 사흘을 수영하며 보내다가 해변에 토해졌을 때, 그는 매우 쇠약해져 있었다. 정신은 혼미하고, 몸은 시체처럼 무기력하게 늘어졌다. 여전히 반항적이고 하나님은 주로 이스라엘에 거하신다는 생각을 고수하는 그였지만 이제는 최소한 하나님 법의 긴 팔에서 자신이 벗어날 수 없다는 사실은 깨닫고 있었다. 하나님의 통치는, 혹 그의 임재는 그렇지 않을지라도, 광범위하다. 그리하여 "요나는 주님이 말씀하신 대로, 곧 길을 떠나 니느웨로 갔다."(3:3)

니느웨는 이제 "돌아보는 데만 사흘길이나 되는 아주 큰 성읍"으로 묘사된다. 여기에서 우리는 저자의 풍자 속에 담긴 메시지와 교훈을 한층 강조해주는 과장을 만나게 된다. 하루에 대략 20마일을 여행한다고 보면, 이는 니느웨가 직경 60마일쯤 되는 크기임을 뜻한다. 알려진 바대로, 고대 세계에 직경이 60마일이나 되는 큰 도시는 존재하지 않았다. 사실, 굴을 파서 세운 니느웨는 가로와 세로가 대략 1.5마일과 3마일 정도인 성벽으로 둘러싸인 도시였다고 한다. 이런 과장은 희극적·풍자적 효과를 위해 의도된 것으로서 요나의 부조리한 입장을 두드러지게 하고 극적으로 만든다. 그

뿐 아니라, 거대한great이라는 단어는 다른 소 예언서들에서는 평균 두 번 등장하는데 비해 요나서에서는 열네 번이나 사용된다. 그 이야기 전체를 통해 과장의 물결이 끊임없이 범람한다. 거대한 바람, 거대한 폭풍, 거대한 공포, 거대한 물고기, 거대한 도시, 거대한 외침, 거대한 악, 거대한 회심, 거대한 분노, 거대한 기쁨 등등. 이 모든 것들 위에 하나님의 꾸준한 사랑과 자비와 은혜의 거대함이 있다.

과장과 축소는 농담과 희극에서 사용되는 가장 평범한 장치들이다. 이 두 가지 장치는 요나의 행동을 더욱 바보스럽게 만들기 위해 반복적으로 사용된다. 거대한 인구를 가진 거대한 도시라는 이미지가 우리에게 주어진다. 그런 다음 요나가 단 하루 만에 그 도시에 가서 메시지를 전하고 돌아온다는 이야기를 듣게 된다. 이것은 크기와 인구에 대한 과장을 몇 가지 축소와 대비시키는 효과를 낳는다. 요나는 도시 전체를 돌아다니면서 경고의 메시지를 전하지 않는다. 그는 도시의 중심가조차 가지 않았으며, 그 메시지가 빠르게 전파될 수 있는 왕의 궁전으로도 가지 않았다. 바꿔 말하자면, 그는 최소한의 노력만을 한 것이다. 그는 강제에 못 이겨 마지못해 니느웨 사람들에게 설교하는 데 동의했지만, 그 일에 마음과 정성을 거의 쏟지 않았다. 그는 가능한 한 최소한의 것만을 하려고 했다.

과장과 축소의 이러한 병치는 계속된다. 요나는 자신의 메시지가 제대로 받아들여지게 하기 위한 노력은 전혀 하지 않았다. 뿐만 아니라 그는 그 메시지를 가능한 한 짧게 (히브리어로 단 다섯 단어) 전달한다. "사십 일만 지나면 니느웨가 무너진다!"(3:4) 누가 왜 멸망시키는지에 대한 언급도 없고, 죄목에 대한 언급도 없으며, 회개를 권하거나 설득하려는 노력 또한 없다. 그저 니느웨의 종말에 대한 선포만이 있을 뿐이다.

그런 다음, 이야기는 갑작스럽게 과장으로 되돌아간다. 이런 마지못한 작은 노력이 60마일이나 되는 크기의 도시 전체를 회심시켰다는 것이다. 세상에서 가장 짧고 가장 형편없는 설교가 세상에서 가장 성공적인 설교가 된다. "그러나 니느웨 백성들은 하나님의 말씀을 믿고, 금식을 선포하고, 그들 가운데 가장 높은 사람으로부터 가장 낮은 사람에 이르기까지 모두 굵은 베옷을 입었다."(3:5) 그 물결이 왕에게까지 이르자(다른 사람들과 마찬가지로 그에게도 메시지가 전해졌을 것이다), 그는 베옷을 입고 재를 뒤집어쓰고는 금식과 회개의 기간을 선포했다. "사람이든 짐승이든 모두 굵은 베옷만을 걸치고, 하나님께 힘껏 부르짖어라. 저마다 자기가 가던 나쁜 길에서 돌이키고, 힘이 있다고 휘두르던 폭력을 그쳐라."(3:8) 이런 집단적인 회개로 말미암아 하나님은 그 도시를 파멸시키지 않기로 결정하셨다.

설교의 역사에서 전무후무한 이 믿을 수 없을 만큼 성공적인 전도에 대해 요나는 어떤 반응을 보였을까? 아모스, 이사야, 예레미아 혹은 예언자들을 전부 모아놓은 것보다 훨씬 큰 성공을 이룬 자의 반응은 어떠했을까? "요나는 이 일이 매우 못마땅하여, 화가 났다."(4:1) 사실, 요나의 반응은 이보다 더 적대적이다. 그는 니느웨 사람들에게 하나님의 자비와 용서가 베풀어지는 것을 보니 차라리 죽는 것이 더 낫다고 생각한다. "주님, 이제는 제발 내 목숨을 나에게서 거두어 주십시오! 이렇게 사느니, 차라리 죽는 것이 낫겠습니다."(4:3)

요나는 마침내 그 이야기 전체를 관통하는 그의 독특한 행동 이면에 깔린 진정한 동기를 드러낸다. 그는 하나님이 진노의 하나님일 뿐만 아니라 사랑의 하나님이라는 것을 일찍부터 알고 있었다. 이스라엘은 여러 차례 하나님의 용서와 구원의 수혜자가 되어왔지 않았던가? 요나는 그가 니느웨에 임박한 심판을 경고하면, 그들은 회개하고 악한 길에서 돌이킬 것이며, 그렇게 되면 하나님이 그들을 용서해 주실 것이라는 두려움에 시달려왔다. "주님, 내가 고국에 있을 때에 이렇게 될 것이라고 이미 말씀드리지 않았습니까? 내가 서둘러 다시스로 달아났던 것도 바로 이것 때문입니다. 하나님은 은혜로우시며 자비로우시며 좀처럼 노하지 않으시며 사랑이 한없는 분이셔서, 내리시려던 재앙마저 거두실 것임을 내가 알고 있었기 때문입니다."(4:2) 이 부분은 출애굽기에서 직접 취한 것이다. 출애굽기 14:12에서 이스라엘 사람들은 하나님이 그들을 이집트에서의 노예적 "안전성"에서 광야의 불확실성으로 인도하신 것을 불평했다. 요나는 자비와 용서의 불확실한 영역으로 모험해 들어가기보다 돌이킬 수 없는 복수와 파괴라는 거짓 안전성에 머물고자 했다.

이제 요나는 완전히 실망해있다. "이럴 줄 알았어. 이럴 줄 알았어. 이런 일이 일어날 줄 알았어!"라고 중얼거리며 무거운 발걸음으로 도시를 빠져나가는 그를 우리는 상상할 수 있다. 그런 다음 그는 임시 초막을 하나 짓는다. "그 도시가 어떻게 될 것인지를 보기" 위한 일종의 관람석인 셈이다. 요나는 하나님이 마음을 한 번 더 돌이키셔서 그 도시를 파괴하실 것이라는 희망을 여전히 품고 있음이 분명하다. 진도 8.5 정도가 딱 적당할 것이다. 요나는 초막에 앉아 그 도시가 소돔과 고모라처럼 연기에 휩싸이는 것을 바라보는 즐거운 상상을 하고 있을 것이다. 이것이 마침내 그의 여행을 가치 있게 만들어 줄 것이다. (얼마나 많은 미국인들이 은밀하게 혹은 공개적으로, 그리고 그와 똑같은 여러 이유 때문에, 모스크바에 핵폭탄을 떨어트릴 생각을 품어왔을까?)

요나의 부조리성은 그가 니느웨의 전소를 목도하기 위해 기다리는 동안에도 가능한 한 편하게 있기를 바라시는 하나님이 큰 잎을 가진 나무를 그의 머리 위로 자라게 하셔서 태양의 뜨거움으로부터 그를 보호해 주실 때 절정에 도달한다. "박 넝쿨 때문에 요나는 기분이 무척 좋았다."(4:6) 극단의 의기양양함과 극단의 의기소침함 사이에서, 과도한 기쁨과 과도한 분노 사이에서, 마치 중증

조울증 환자처럼 오락가락하는 요나의 희극적인 면에 주목하기 바란다.

그런 다음 가르침과 교훈이 온다. 요나가 나무 그늘에 편안하게 앉아서 그가 바라는 죽음과 파괴가 눈앞에서 실현되기를 간절히 기대하고 있는 동안, 하나님은 그 식물을 시들게 하셔서 요나를 태양 앞에 노출시키신다. 설상가상으로 하나님은 사막의 바람을 일으켜 날카로운 모래와 뜨거운 열기가 몰아치게 하신다. 최후의 승리를 눈앞에 두고 있던 요나는 기운을 다 잃고 비참해진다. 다시금 요나는, 이 이야기에서 세 번째로 죽기를 희망한다. "이렇게 사느니 차라리 죽는 것이 더 낫겠습니다."(4:8) 그러나, "하나님이 요나에게 말씀하셨다. '박 넝쿨이 죽었다고 네가 이렇게 화를 내는 것이 옳으냐?' 요나가 대답하였다. '옳다뿐이겠습니까? 저는 화가 나서 죽겠습니다!'"(4:9) 하나님이 창조하셨던, 완벽하게 건강한 식물 하나가 즉석에서 소멸되었다.

이제 요나의 자기 모순적 신학과 행동을 완전히 무너트리는 핵심을 찌르는 놀라운 말씀이 이어진다. "주님께서 말씀하셨다. '네가 수고하지도 않았고, 네가 키운 것도 아니며, 그저 하룻밤 사이에 자라났다가 하룻밤 사이에 죽어 버린 이 식물을 네가 그처럼 아까워하는데, 하물며 좌우를 가릴 줄 모르는 사람들이 십이만 명도 더 되고 짐승들도 수없이 많은 이 큰 성읍 니느웨를, 어찌 내가 아끼지 않겠느냐?"(4:10-11)

다시 과장과 축소가 요나의 부조리성을 강조한다. 십이만 명의 아이들("좌우를 가릴 줄 모르는 사람들")이라는 숫자는, 박 넝쿨 하나의 죽음으로도 "죽도록 화가 났던" 요나가 그들 모두가 전멸된다 해도 아무렇지 않게 여기는 일백만 명의 전 주민을 가리킨다. 더욱이, 설령 책임 있는 니느웨 시민들에 대한 요나의 복수심은 어느 정도 정당화된다 하더라도, 십이만 명의 죄 없는 어린이들이나 언급되지 않은 수많은 동물들(도시 안팎에서 사육되는 "짐승들")의 학살을 꿈꾸는 것은 정당화될 수 없다. 요나는 무구한 식물 하나에 동정심을 갖고 그것의 죽음에 분노했다는 점에서 부지불식간에 이것을 자인한 꼴이 되었다. 아마도 요나는 니느웨 시민들에 대해서는 동정심을 갖지 않았더라도, 죄 없는 아이들에 대해서는 동정심이 있었을 것이고, 그것도 아니라면 최소한 짐승들에 대해서는 동정심이 있었을 것이다.

그러나 니느웨의 책임 있는 시민들에 대한 요나의 태도 역시, 그 이야기 내내 시종일관 고수해온 그의 주장에 값할 만큼 정당한 것은 아니다. 요나는 이스라엘의 하나님이 자비와 은혜의 하나님이라는 것을 인정했다. 이것을 그가 어떻게 알까? 이스라엘 자신이 그들이 사악했을 때 과분한 용서를 여러 번 받았기 때문이다. 이런 점에서 3:10의 말씀은 황금 송아지를 우상 숭배한 이스라엘 백성들을 용서하시는 출애굽기 32:14와 동일하다. "하나님께서 그들이 뉘우치는 것, 곧 그들이 저마다 자기가 가던 나쁜 길에서 돌이키는 것을 보시고, 뜻을 돌이켜 그들에게 내리시겠다고 말씀하신 재앙을 내리지 않으셨다."(3:10) 요나 또한 불과 며칠 전에 자신의 불충실함과 불순종에도 불구하고 과분한 구원을 받지 않았던가! 하나님이 니느웨를 구원해서는 안 된다면, 왜 이스라엘이나 요나는 구원하셔야 하는가? 반대로, 큰 악을 행한 니느웨에 희망이 있다면, 누구에게나 희망은 있다.

핵심을 찌르는 구절

그 풍자는 어떤 해결이나 도덕적 교훈도 없이 급작스럽게 종결된다. 사실 유머러스한 일화들은 대개 핵심을 찌르는 구절로 갑자기 끝나고 만다. 우리는 그 농담을 즉각 이해하거나, 혹은 전혀 이해하지 못하거나, 그것도 아니면 속담에 등장하는 어느 영국인처럼 하루 뒤에 그것을 이해하기도 한다. 그 풍자는 요나에게 던지는 질문으로 종결된다. 위대한 아이러니로 빛나는 그 질문은 지혜롭다고 가정된 요나의 정의감과 겉보기엔 어리석어 보이는 하나님의 동정심을 완전히 역전시킨다. 요나의 지혜는 어리석음으로 바뀌고, 하나님의 어리석음은 지혜로 드러난다.

그 질문은 대답되지 않는다. 핵심을 찌르는 마지막 구절이기 때문이다. 그것이 대답되지 않는 또 하나의 이유는 그 이야기의 독자나 청중이 요나의 어리석음과 하나님의 지혜를 깨닫는 첫 웃음과 함께 스스로 대답하도록 초대받기 때문이다. 그러나 위대한 모든 희극에서처럼, 그 웃음의 표적은 청중 앞의 희극적 인물이 아닌 청중 자신이다. 그 희극적 인물은 청중을 대표한다. 우리는 이 단계로까지 나아가기 전에는 그 농담의 핵심을 완전히 이해할 수 없다. 그 바보는 우리 자신의 위선과 모순 속에 있는 어리석음을 뚜렷하게 연기하고 있는 것이다.

그렇다면 요나는 누구인가? 가장 직접적으로 그는 요나와 같은 태도를 보이는 유대인 동포들이다. 그들이 정당하다는 듯이 그런 태도를 취하는 이유는 그들의 정의 기준이 유대 역사 속에서 아시리아 인들이나 다른 정복자들의 압제를 받으며 만들어진 것이기 때문이다. 그런 태도들은 아브라함의 축복과 언약을 받은 자녀들에게 부여된 신성한 지위라는 명목으로 정당화할 수 있는 것처럼 보일지도 모른다. 그러나 그런 정당화들은 결국 하나님의 은혜라는 더 높은 법정과 더 큰 지혜 앞에서는 정당화되지 못한다.

궁극적으로 보면 요나는 우리 모두이다. 우리 모두가 시시때때로, 개인적으로나 집단적으로 요나처럼 행동하기 때문이다. 우리 역시 그렇게 행동하는 나름의 좋은 이유들을 가지고 있다. 요나처럼 우리는 하나님의 나라가 주로 우리 가운데서, 즉 우리나라, 우리 민족, 우리 교단, 우리 정당에서 이루어진다고 믿는 경향이 있다. 우리는 하나님이 특별히 우리에게 임재하시고, 다른 사람들에게는 관심도 없으시고 드러내시지도 않는다고 굳게 믿는다. 그 분은 우리의 상대들과 적들에게는 자비와 용서를 보이지 않으시지만 우리에게는 그렇지 않으심이 분명한 것이다. 확고한 우리의 우월적 관점에서 보면, 결국 "복수는 나의 것이니 내가 갚으리라"(로마서 12:19)는 구절은 명백하게 악한 세상의 사람들과 이데올로기들과 나라들에게 해당하는 말씀일 뿐이다. 그리고 틀림없이 우리는 하나님의 복수를 위해 기름부음을 받은 도구인 것이다.

문학적인 관점에서 볼 때, 요나서는 재미있을 뿐만 아니라 그 유머와 아이러니와 풍자에서 매우 뛰어난 희극적 걸작이다. 그것은 다양한 희극적 장치들을 통해 요나의 믿음과 태도가 매우 부조리함을 보여준다. 신학적인 관점에서 볼 때, 그 책은 보편적 종교 비전에 관한 가장 완전한 구약의 진술들 가운데 하나로 평가된다. 만유의 창조주이신 하나님은 모든 장소와 모든 사람의 하나님이다. 하나님이 계시지 않고 미치지 못하는 곳은 없다. 그분이 역사하실 수 없고 그분의 음성을 들을 수 없는 상황도 존재하지 않는다. 완전히 하나님이 계시지 않는 곳은 없다. 그리하여, 만인의 창조주이신 하나님은 아브라함과 이삭과 야곱과 그들의 후손들의 하나님일 뿐만 아니라 모든 민족의 하나님이기도 하다. 모두가 주님의 자녀들이며, 몇몇 자녀들을 잊거나 무시함으로써 그들을 망치는 불공평한 부모들과는 달리 이 하나님은 모두에게 사랑을 베푸시고 모두를 돌보신다.

이에 더해, 그 누구도 하나님의 권능과 임재로부터 달아날 수 없다. 그러나 이 하나님은 은혜와 자비의 하나님이기도 하다. 어느 누구도 하나님의 낯을 벗어날 수 없는 것처럼, 어느 누구도 하나님의 은혜에 비켜 있을 수 없다. 요나가 보기에 바보 같으신 하나님은 전혀 그럴 가치가 없는 자들조차 용서하시고 구원하신다. 니느웨는 하나님이 값없이 주시는 과분한 은혜의 한계가 어디까지인가를 보여주는 사례의 하나이다. 니느웨조차 구원받을 수 있다면, 그 누가 용서될 수 없겠는가?

비극적 세계와 희극적 전망

미안하지만 저는 황제가 되고 싶지 않습니다. 그것은 저와 무관한 일입니다. 저는 누군가를 지배하거나 정복하고 싶지 않습니다. 저는 유대인들, 이방인들, 흑인들, 백인들, 가능하다면, 모든 사람들을 돕고 싶습니다. 우리 모두는 서로를 돕고 싶어 합니다. 인간은 그런 것입니다. 우리는 서로의 불행이 아니라 서로의 행복 속에서 살기를 원합니다. 우리는 서로를 미워하거나 멸시하는 것을 바라지 않습니다. 이 세계에는 모든 사람들이 더불어 살 수 있는 충분한 공간이 있습니다. 그리고 이 좋은 지구는 모든 사람을 먹여 살릴 수 있을 만큼 충분히 풍족합니다.

신들과 인간들 사이에 싸움이 사라지면 좋으련만!

호메로스, 『일리아스』

　미국의 유명한 슬랩스틱 코미디 콤비인 로렐Laurel과 하디Hardy의 영화 가운데 가장 초기 작품에 속하는 〈빅 비지니스〉(1927)에서, 주인공 스탠과 올리는 캘리포니아에서 일하는 크리스마스트리 판매원들이다. 그들은 나무를 잔뜩 실은 T자형 트럭을 타고 이집 저집을 돌아다닌다. 이야기는 크리스마스의 즐거운 분위기와 함께 천진난만하고 활기차게 시작된다. 그러나 오래지 않아 그들이 아주 까다로운 사람이 사는 어떤 집을 방문하게 되면서 그런 분위기는 금세 자취를 감추고 만다. 집주인은 슬리퍼를 신고 파이프를 문채 편안한 의자에 앉아 신문을 읽고 있었다. 나무에는 전혀 흥미가 없었다.

　여기까지는 괜찮았다. 그러나 그 사람이 구입을 거절하면서 문을 닫을 때, 나무 가지 하나가 문틈에 끼게 된다. 올리가 벨을 누르자 집주인이 짜증을 내며 문을 연다. 그 순간 문틈에 낀 나무 가지가 빠진다. 스탠이 다시 벨을 누른 이유를 설명하려고 하지만 집주인은 문을 쾅 닫고 들어가 버린다. 이번에는 스탠의 외투가 문틈에 끼고 만다. 스탠이 다시 벨이 누른다. 그는 화난 집주인에게 사과를 하려고 하지만, 집주인은 다시 문을 쾅 닫아 버린다. 이번에는 또 나무가 문틈에 낀다. 또 벨을 누른다. 화가 머리끝까지 치민 주인은 큰 가위로 문에 낀 나무를 잘라서 잔디밭에 던져 버린다. 스탠이 결론을 내린다. "그가 나무를 원하는 것 같지는 않군!"

올리는 그러나 앙갚음으로 현관 벨과 벽에 있는 전선들을 잡아당겨서 뽑아버린다. 경악한 집주인이 경찰을 부르려고 전화기를 들자, 올리는 전화선마저 잘라버린다. 계속해서 영화는 증폭되는 갈등을 보여준다. 집주인은 그들의 트럭과 나무들을 하나씩 산산조각내고, 스탠과 올리는 그의 집과 관목들을 하나씩 박살내버린다. "눈에는 눈, 이에는 이"가 승리한다. "메리 크리스마스"와 더불어 시작되었던 영화가 산더미처럼 쌓인 두 덩이의 부서진 파편들과 함께 끝이 난다.

〈빅 비지니스〉는 개인과 집단과 국가들 사이에서 매우 빈번하게 벌어지는 상황을 희극적 우화로서 그려내고 있다. 그것은 부부 간의 불화, 이웃 간의 언쟁, 인종 간의 다툼, 종교적·정치적 차이들로 인한 갈등, 그리고 국제적인 충돌을 일으키는 그러한 상황이다. 로렐과 하디는 희극의 외피를 입고, 특정한 선善을 대표하는 두 개의 힘들이 서로 충돌하고 파괴하는 오래된 비극적 상황을 묘사하고 있는 것이다. 자유기업체계와 가정의 프라이버시, 상품 공급자와 상품 소비자와 같은 서로 다른 두 가지 가치관이 그 긴장 속에 놓여 있다. 처음에 양쪽은 서로 호의적이었다. 그러나 그들은 서로 파괴하면서 끝난다.

비극적 아이러니

우리는 이런 식의 이야기가 무수한 곳에서 끊임없이 현실화되어왔음을 가슴 아프게 인식하고 있다. 도처에서 비극적 드라마가 반복적으로 상영되고 있는 것을 쉽게 발견할 수 있다. 이스라엘 사람 대 팔레스타인 사람, 아랍인 대 유대인, 레바논 이슬람교인 대 레바논 기독교인, 이라크 수니파 대 이란 시아파, 아일랜드 가톨릭교인 대 아일랜드 개신교인, 라틴 아메리카의 우파 대 좌파, 백인 아프리카인 대 흑인 해방주의자, 동독인 대 서독인, 남한인 대 북한인, 소비에트 아프가니스탄인 대 아프가니스탄 반군, 파키스탄인 대 인도인, 시크교도 대 힌두교도…. 이 목록은 끝이 없다. 비록 양쪽 모두가 서로 자기만 옳고 선하며 상대방은 틀리고 악하다고 생각하지만, 이는 양 진영이 생각하는 것만큼 그렇게 단순하지 않다. 충돌은 보통 두 개의 상반된 권리주장들 사이에서 발생한다. 양 진영이 추구하는 것은 조정이 아니라 승리이다. 양쪽 모두 어느 정도 정당성을 가지고 있으나 상대편에 대해서 아무런 정당성을 인정하지 않으므로 해서 악이 되고 마는 것이다.

인간 역사의 많은 부분은 비극적 갈등의 역사인 것처럼 보인다. 그러나 20세기에 과학과 기술의 급격한 진보가 이루어짐에 따라, 이러한 비극적 갈등들은 점점 더 치명적인 것이 되었다. 테러리즘과 호전적 광신 또한 이전보다 한층 강력한 힘들이 되었다. 서로 경쟁하는 강대국들의 장거리 미사일과 핵무기 도입은 인류 역사 전체를 돌이킬 수 없는 비극적 종말이라는 벼랑 끝으로 내몰고 있다.

원시인들이 곤봉을 휘두르고 돌을 던지는 것에 제한되어 있었을 때에는 그와 상응하여 비극적 가능성 또한 제한되어 있었다. 그들은 오직 그 한계 안에서만 손상을 입힐 수 있었다. 문명의 역사는 비극적인 것들의 규모와 범위를 확대시켜온 역사이다. 이런 맥락에서 볼 때, 문명은 가장 아이러니한 말이다. 이제 우리의 능력은 모든 도시와 모든 나라들, 그리고 아마도 우리가 알고 있는 모든 생명체들을 파괴할 수 있을 정도에 이르렀다. 인간관계에 대한 비극적 전망은 그 어느 때보다 큰 도전의 필요성에 직면해 있다.

희극적 전망은 점점 더 유지하기 힘든 것이 됨과 동시에 더욱 근본적인 것이 되고 있다. 유머작가 제임스 더버James Thurber가

썼듯이, "한편에서는 인간의 모든 병을 치료할 수 있는 기적의 약들을 발명하려고 애쓰고, 또 다른 한편에서는 순식간에 전 인류를 몰살시킬 수 있는 기계를 만들어 내려고 노력하는 이 시대에 유머나 유머에 대한 욕망을 유지하는 것은 참으로 어려운 일이다!" 그러나 그것이 아무리 어렵다 할지라도, 우리 자신과 타인에 대한 우리의 관계에서 희극적 관점을 찾아내어 발전시키는 것은 더 없이 시급한 과제이다. 희극적 정신은 아무 걱정 없는 시기에나 향유할 수 있는 탐닉을 위한 사치가 더 이상 아니다. 그것이 제기되는 이유는 그저 즐거움을 위해서가 아니라, 더욱 심각한 대학살의 미래를 피해야 할 절박한 필요성 때문이다.

희극작가들은 비극적 정신의 어리석음을 깊이 인식해왔던 것처럼 보인다. 그에 비하면 종교·정치·군사적 지도자들이나 비극작가들이 뒤처진 것이 사실이다. 마크 트웨인은 그의 황당한 이야기들 가운데 하나에서, 하나님의 피조물들 사이에서 발생하는 무수한 불화에 대해 자신이 얼마나 번민하게 되었는지, 그리고 어떻게 자신이 그 문제와 씨름하게 되었는지 설명하고 있다. 그는 짐승 우리를 하나 만들어서 그 안에 개 한 마리와 고양이 한 마리를 집어 넣는다.

> 한 시간 동안 나는 고양이와 개에게 서로 친구가 되도록 가르쳤다. … 또 한 시간 동안 나는 그들이 토끼와 친구가 되도록 가르쳤다. 이틀 동안 나는

여우, 거위, 다람쥐, 그리고 비둘기 몇 마리를 추가할 수 있었다. 결국 원숭이까지. 그들은 평화롭게, 심지어 다정하게 함께 살았다.

다음에 나는 다른 우리에 티퍼래리Tipperary 출신의 아일랜드 가톨릭교인 한 명을 집어넣고, 그가 유순해진 후 애버딘Aberdeen 출신의 스코틀랜드 장로교인 한 명을 가두었다. 계속해서 콘스탄티노플 출신의 터키인 한 명, 크레타 출신의 그리스정교회 기독교도 한 명, 아르메니아인 한 명, 아칸소 주 출신의 감리교도 한 명, 중국 출신의 불교도 한 명, 베나레스Benares 출신의 힌두교도 한 명을 차례차례 집어넣었다. 마지막으로 와핑Wapping 출신의 구세군 사관 한 명까지. 그런 다음 나는 이틀 내내 밖에 있었다. 어떻게 되었는지 돌아와 들여다보니 … 살아 있는 표본은 단 하나도 없었다.

역사적으로 희극은 비극과 밀접한 연관을 가지고 있다. 그 둘은 고대 그리스의 극장에서 거의 동시에 발전되었다. 디오니소스 극장에서 비극이 상연된 지 몇 십 년 지나지 않아, 희극이 즐거움을 위해 추가되기 시작했다. 그러나 희극은 즐거움 이상의 씨앗을 품고 있었다. 희극은 비극과 동일한 주제들을 다루었지만, 그 방식과 정신은 완전히 달랐다. 그러한 차이는 비극에 대한 희극의 대답을 반영한다. 새로이 등장하는 희극적 전망은 비극적 전망과 비극적 결말에 대한 하나의 대안으로 제시된다.

비극적 전망의 결점 가운데 하나는 각 진영이 자신의 생명과 재산에 가져올 결과에 아랑곳하지 않고, 스스로를 절대화하고 자신의 입장에 완고하게 집착하는 경향이 있다는 것이다. 각자가 주장하는 진리와 권리는 수정하거나 타협할 여지가 없다. 다른 주장들은 모두 철저하게 부정되어야 한다. 기껏해야 피상적인 타협들이 주어질 뿐이다. 그런 식의 타협들은 부정한 체제를 근본적으로 바꾸지 않기 위한 방편으로서 이름뿐인 권한이 부여될 때 주로 이루어진다. 그렇지 않은 경우, 비극의 주인공은 자신의 "원칙"을 위해 기꺼이 죽이거나 혹은 죽임을 당한다.

자기 자신과 자기의 신념과 의혹에 대한 희극적 감각을 모두 상실해 버린 사람들에게 비극적 충돌은 불가피하다. 우리가 우리의 이데올로기와 믿음을 덜 절대적으로 받아들이는 법을 배울 때에만, 우리는 비극적 극단과 비극적 극단주의를 완화할 수 있는 기회를 얻을 수 있을 것이다. 스스로에 대해 세련된 유머 감각을 가지고 있는 사람들은 서로를 죽이려고 하지 않는다. 오히려 그들은 서로를 더욱 사랑하려고 할 것이다.

철두철미한 신념에 뒤따르는 문제는 그것의 강렬함이 너무나 쉽게 불관용, 공격, 증오, 폭력 등으로 전환된다는 점이다. 종교가 비극적 갈등의 주요 원인이었다는 사실은 가장 끔찍한 역사적 아이러니의 하나일 것이다. 파스칼이 말했듯이, "인간은 종교적 신념으로 행할 때만큼 그렇게 철저하고 즐겁게 악을 행하지는 않는다."[2]

종교는 화합과 구원을 위한 진정한 토대로서 제기되었지만, 소외와 적대와 파괴를 위한 토대로서도 똑같이 기능해왔다. 칼을 보습으로, 창을 낫으로 바꾼 그 믿음과 소망과 사랑이 역으로 다시금 그것들을 칼과 창으로 바꿀 수도 있는 듯하다.

거룩한 도시들은 경건한 순례자들과 기도하는 사람들뿐만 아니라 성전holy war을 촉발시키기도 한다. 하나님의 은혜로운 말씀은 우리 자신에게는 은혜를 나누는 수단이지만 우리에게 동의하지 않는 이들에게는 저주의 수단이 되기도 한다. 사랑과 자비와 용서를 상징하는 바로 그 십자가가 전쟁터로 행진하기 위한 깃발과 이단자를 때려죽이고 이교도를 십자가에 매달기 위한 십자군의 칼이 되기 십상이다. 실제로, 십자가 밑은 싸우기에 가장 좋은 장소의 하나임이 역사적으로 증명되어왔다.

자신의 주장이 옳다고 광적으로 확신하며 어떤 거대한 계획이나 전망을 열정적으로 추구하고 무엇이든 설득하려고 하는 급진적인 열광주의자들에게서도 이와 유사한 아이러니가 발견된다. 유사 종교적 신념들은 그들의 종교적 파트너들과 동일한 비극적 역사를 공유한다. 민족주의, 애국주의, 인종주의, 계급주의와 같은 각종 주의들은 일반적으로 종교적 설득을 수행하듯이 스스로를 절대화하려는 동일한 경향을 보인다. 이데올로기들은, 사회적이든, 정치적이든, 경제적이든 간에, 저마다 높은 수준의 주창자들과 때로는 전투적인 열정을 가지고 있지만, 희극적 인식의 수준은 매우 낮다.

전체주의 국가들에서, 눈에 띄게 자신의 위트를 동구권체제를 향해 발휘하는 이들은 체제전복세력까지는 아니라 하더라도 비애

국자라는 혐의를 받게 된다. 프랑스의 독재자 샤를 드골은 자신을 풍자한 파리의 한 시사만화가에게 나폴레옹 시대에 제정된 법을 들먹이면서 감옥에 집어넣겠다고 협박한 적이 있다! 중세 시대에 왕을 조롱했던 왕실 어릿광대는 신나게 떠들어대는 것과 머리를 잘리는 상황 사이에서 아슬아슬한 줄타기를 해야 했다.

통치자들과 혁명가들, 그리고 적지 않은 성직자들이 함께 지닌 특징은 스스로를 비웃거나 다른 사람이 자기를 비웃는 것을 용납하지 않는다는 것이다. 웃음은 고위직의 위엄과 권력에 대한 도전으로 받아들여진다. 확실히 유머는 그런 권위주의적 상황 속에서 널리 사용된다. 인간은 유머 없이는 절대 살 수 없다. 그러나 유머는 지배적인 진리나 법, 그리고 명령으로부터 일탈하는 사람들을 위해 예비 되어있는 것이다. 예를 들어, 스탈린 시대의 러시아에서도 희극이 정부에 의해 허가되었고, 심지어 장려되기도 했다. 그러나 그것들은 세세한 검열을 거쳐야만 했다. 그 희극들은 자본주의 국가들과 민주주의적인 가치들을 겨냥했다. 희극을 이렇게 이용하는 것은 단지 삶의 근원 속에 자리 잡은 비극적 전망과 그것의 독단적인 경직성을 강화할 뿐이다. 우리는 스스로를 정당화하고 우리에게 동의하지 않는 사람들에 대한 비난을 정당화하는 방편으로 희극을 이용한다.

스탈린이 죽고, 보다 자유로우면서도 차분한 분위기가 조성된 이후에야 러시아의 유머와 희극의 막힌 숨통이 트이게 된다. 소비에트 유머 잡지 『크로코질』Krokodil은, 그 해 최고의 정치적 농담이나 삽화, 혹은 풍자를 공모하는 전면 광고를 개제함으로써 스탈린 사후에 나타난 변화의 시작을 알렸다. 그 광고 지면에는 응모 규정에 관한 세부 사항들이 작은 글씨로 적혀 있었고, 그 바로 아래에 크게 한 줄의 문장이 적혀 있었다. "1등, 시베리아 자유 여행권!"

비극적 전망과 독단주의, 열광주의, 그리고 억압 사이에 상관관계가 있는 것과 마찬가지로, 희극적 전망과 개방성, 관용, 온건, 그리고 자유 사이에는 연결점이 존재한다. 인간은 진정으로 자유로울 때에만 자유롭게 웃을 수 있다. 제2차 바티칸 공의회에서 광범위한 개혁을 주도했으며, 교황제도에 타협적이고 해방적인 정신을 도입한 교황 요한 23세 역시 탁월한 유머 감각을 가지고 있었다.

전사의 미덕들

불행하게도, 비극적 권리주장들 뿐만 아니라 비극적 가치 또한 문명 역사의 대부분을 지배해왔다. 비극적 정신의 주요한 강점은 그것의 가장 큰 약점이기도 하다. 말하자면, 전사의 미덕들, 즉 용기, 충성, 의무, 명예, 자긍심, 굴하지 않는 의지, 무조건적인 복종, 완강한 결심, 정열적인 참여, 비타협적인 헌신 등이 그렇다. 이런 미덕들은 우리에게 얼마나 훌륭하고 건전하고 올바른 것처럼 들리는가! 그리스인들이 말하듯이, 이 얼마나 고귀한가! 우리의 시와 드라마, 우리의 문학과 노래, 우리의 애국심과 종교적 열정에 그것들이 얼마나 많은 영감을 불러일으켰던가! 그러나 이 동일한 미덕들이 너무나 빈번하게 여러 가지 악을 직간접적으로 불러오기도 했다.

비극적 영웅주의는 세계를 선과 악, 진리와 거짓, 밝음과 어둠, 혹은 단순히 '우리와 그들'의 전쟁터로 본다. 삶에 대한 이런 식의 전망은 자기만족적인 예언이 되기 십상이다. 비극적 심성 속에서는 다양한 입장들이 이것/저것, 흑/백, 친구/적과 같은 양극적인 대립물들로 환원된다. 비극적 심성은 양쪽 모두both/그리고and, 다양한 회색들, 중용 등을 미심쩍게 생각한다. 중재하고 조정하려는 시도들은 일관성이 없고, 혼란스럽고, 맥없고, 반역적인 것처럼 보인다. 비극적 대립관계에 있는 양쪽에게 있어서 중용과 타협을 말하는 것은 일종의 반역 행위이다.

비극적 관점에서 보면, 인간적 차이들은 적을 무찌르고 사생결단으로 싸울 것을 요구하는 갈등 상황으로 자동적으로 인식된다. 개신교인/가톨릭교인, 민주당원/공화당원, 노동자/경영자, 여성해방주의자/남성우월주의자, 보수주의자/자유주의자, 신본주의자/인본주의자, 근본주의자/현대주의자, 창조론자/진화론자 등등의 모든 차이들이 그런 인식에 종속된다. 이런 토대 위에서는, 서로의 차이를 발견한 그 어떤 두 집단들—자본주의자와 공산주의자이든지 집주인과 트리 판매상이든지 간에—도, 서로를 파괴하는 것만을 목표로 삼을 수밖에 없는 화해 불가능한 대립 속에 처음부터 들어가지 않을 수 없게 된다. 가장 큰 아이러니는 대립하는 그 모든 힘들이 서로 동의하는 유일한 것이 바로 비극적 가치와 비극적 결과를 핵심으로 하는 삶에 대한 비극적 전망이라는 것이다!

그러나 희극에서는 이런 전투적인 미덕들이 다른 범주의 미덕들에 의해 상쇄된다. 웃음, 유머, 쾌활함, 천진난만함, 온순함, 겸손, 융통성, 절제, 너그러움, 타협에 대한 선호, 사랑이 그것들이다. 사실, 이러한 사랑이 사랑의 가장 높은 형식이다. 그것은 예수님이 "너희를 사랑하는 사람만 사랑하면, 무슨 상을 받겠느냐? 세리도 그만큼은 하지 않느냐?"(마태복음서 5:46)라고 말씀하실 때 언급하신 그런 사랑이 아니다. 그런 사랑은 비극적 상황 속에 제한된 사랑이다. 그것은 나와 같은 마음을 가진 친구들 가운데 있는 사랑이다. 예수님이 가르치셨던 사랑은 이것을 뛰어넘어, 심지어 적에게까지 미치는 사랑이다. "'네 이웃을 사랑하고, 네 원수를 미워하여라.' 하고 말한 것을 너희는 들었다. 그러나 나는 너희에게 말한다. 너희 원수를 사랑하고, 너희를 박해하는 사람을 위하여 기도하여라."(마태복음서 5:43-44) 앞의 충고가 비극적이라면, 뒤의 충고는 희극적이다.

웃음에서 사랑에 이르는 희극적 미덕들이 개연성과 현실성을 가지는 까닭은, 그것들이 인간 본성의 추함과 인간적인 진리와 선이 가지고 있는 모호성을 보다 뚜렷하게 인식하고 있기 때문이다. 사람들과 환경은 비극적 영웅주의가 그것의 확고한 입장을 위한 토대로 제시하는 것처럼 그렇게 깔끔하게 흑과 백으로 나뉠 수 없다. 희극은 모든 엄격한 범주들과 고정된 정체성들을 뒤섞고 혼합한다. 이는 찰리 채플린이 귀족이자 빈민굴 부랑자이기도 한 어느 떠돌이를 통해 수십 년간 작업해 왔던 바로 그것과 같다. 1915년과 1940년 사이에 발표된 채플린의 희극들 대부분은 대립물을 뒤섞고 통합하는 주제로 일관하였다. 찰리는 신사이면서 부랑자였고, 부유하면서 가난했으며, 아름다우면서 추했고, 경찰이면서 도둑이었으며, 심지어 〈위대한 독재자〉에서는 나치 독재자이면서 유대인 이발사였다.

채플린의 1922년 작품인 〈순례자〉는 사람들을 서로 분리시키고 서로 싸우게 만드는 날카로운 구분선들을 무너뜨리려는 희극적 충동의 가장 좋은 예들 중의 하나이다. 영화가 시작되면, 도망치는 죄수인 찰리가 강둑을 따라 뛰어가고 있다. 거기에서 그는 한 성직자가 수영을 하기 위해 벗어둔 옷을 우연히 발견한다. 찰리는 자신의 죄수복을 벗고 재빨리 성직자복으로 갈아입는다. 찰리는 갈아입은 옷의 주머니에서 돈을 발견하고는 그것으로 표를 사서 서쪽으로 가는 기차를 탄다. 기차가 멕시코 국경 근처에 있는 어느 작은 마을에 도착했을 때, 그 죄수/성직자는 새로운 목사가 도착하기를 기다리고 있는 일단의 교회 신도들과 맞닥트린다. 그들은 찰리를 곧장 교회로 데리고 가서 예배를 인도해 달라고 부탁한다. 찰리는 최선을 다해 목사의 역할을 수행하지만 종교적 예식에 대해서는 전혀 아는 바가 없다. 그는 몇 가닥 없는 속눈썹을 치켜뜨고는 자신이 어렸을 때 들었던 다윗과 골리앗의 이야기를 회상하면서, 강대상에서 그것을 무언극으로 표현한다. 그러나 봉헌 순서가 되었을 때, 그의 또 다른 정체성이 그만 그를 배반하고 만다. 헌금위원들이 모금된 것들을 꺼내고 있을 때, 그는 할 일이 없었기 때문에, 의자를 잡아당겨 앉고는 다리를 꼰 채 담배에 불을 붙인다!

찰리의 이중 정체성이 발각되자 그 지역 보안관은 그에게 다시 감옥에 갈 지, 아니면 멕시코로 갈 것인지 선택하라고 말한다. 그는 멕시코를 택한다. 그러나 그가 국경을 넘자마자, 라이벌 갱단들이 서로 총격전을 벌이는 한복판으로 휘말려 들어간다. 그는 다시 국경을 가로질러 돌아가려 하지만, 그 쪽에는 보안관이 아직도 지키고 서있다. 영화는 죄수/성직자인 찰리가 두 나라 사이에서 무국적의(no-man's land) 시민이 되어 멕시코의 무법성과 미국의 법과 질서 사이를 오락가락하면서 정신없이 국경선을 따라 뛰어가는 것으로 끝난다.

희극적 전망 속에서는 우리가 우리 자신과 타자들 사이에 긋고 싶어 하는 날카로운 구분선들이 희미해진다. 대신에 공통의 인간성과 더욱 포괄적인 관점이 중요해진다. 희극의 주인공은 경쟁하는 힘들 사이에 존재하는 일종의 무인지대, 즉 양편이 갈등 속에서만이 아니라 평화 속에서도 함께 모일 수 있는 하나의 경계선을 차지한다. 법정과 전쟁터가 비극에 속한다면, 협상 테이블과 외교 행낭은 희극에 속한다. 이는 어느 한 쪽에 완전히 동화될 수 없는 사람들 가운데에서 최상의 중재자들을 찾는 것과 비슷한 논리이다. 예를 들어, 이스라엘인, 팔레스타인인, 이슬람교인, 레바논의 기독교인 등 사이에서 미국을 대표하여 중재한 필립 하비브Philip Habib는 뉴욕의 유대인 구역 근처에서 성장한 레바논 출신의 아랍인 기독교도였다!

희극은 일반적으로 비극의 숭고한 높이와 감동적인 영웅서사시에 못 미치는 저급한 싸구려 문학으로 인식된다. 그러나 희극의 주인공들은 비극의 주인공들보다 한층 차원이 높은 영웅주의를 보여준다. 싸우거나 복수하는 것은 종종 다른 쪽 뺨을 돌리거나 화해의 신호를 보내는 것보다 더 쉬운 일이다. 신뢰와 우정을 만들어 내거나 확대하려는 의지는 비극적인 고결함보다 더 크고 포괄적인 정신을 요구한다. 이것은 희극이 비겁함이 아니라 오히려 관대함과 관련된다는 것을 의미한다. 마하트마 간디가 자신의 비폭력 저항 이론에 대해 설명하면서 말했던 것처럼, 고양이에게 쥐를 죽이지 말라고 하는 것은 가능하지만, "쥐에게 고양이를 해치지 말라고 하는 것은 통상 불가능한"[3] 일이다. 예수님에게 있어서처럼, 간디에게서도 온유함과 겸손은 '쥐 같음'과 혼동되지 않는다. 온유함과 겸손은 높은 수준의 인격과 힘을 표현하는 것이다.

희극적 인물은 어느 한 쪽에 의해 일방적으로 짓밟히는 사람들을 옹호하면서 경쟁하는 원칙들과 힘들 사이에서 용감하게 맞선다. 희극적 영웅주의에서는 인간이 원칙들보다 더 소중하고, 추상적인 관념들보다는 생명과 팔다리가, 안식일 율법보다는 굶주린 사람이 더 중요하다. 희극의 주인공은 핏기 없는 이상들이나 피 묻은 명예를 위해 살과 피를 희생시키려고 하지 않는다. 생명을 구하는 것이 체면을 지키는 것보다 더 중요하다. 때로는 그런 노력에 대한 보상으로 휴전협정이나 평화로운 공존, 혹은 더 나아가서 화해가 주어지기도 한다. 그러나 때로는 예수님이 정복자 로마인들과 피정복자 유대인들에 의해 십자가에 달리셨던 것처럼, 그런 노력들이 양 쪽 모두에 의해 공격을 받기도 한다.

희극의 화해

흥미롭게도, 그리스 비극의 가장 초기 형태는, 우리가 지금 사용하는 비극의 의미에 비추어 볼 때 그다지 비극적이지 않았다. 초기 비극들은 잠재적 비극성을 안고 있지만 얼마든지 조정과 화해가 가능한 힘들의 충돌로 시작된다. 처음 두 개의 막은 흔히 두 개의 "갈등하는 세계들"(희랍어로는 아곤agon)에 대한 묘사로 이루어진다. 여기에서는 주인공들protagonists과 적대자들antagonists의 정당성과 주장들이 제시되고, 이로 인한 갈등과 곤경들이 다루어진다. 그러나 이러한 문제들은 결국 마지막 막에서 완전히 해결된다. 비극은 죽음과 파멸에서가 아니라, 재앙을 피하는데서 끝난다.

아이스퀼로스의 프로메테우스 삼부작은 특히 시사적이다. 첫 번째 극인 『결박당한 프로메테우스』에서는 타협하지 않고 뉘우치지 않는 프로메테우스가 올림포스 산에서 신성한 불을 훔친 것에 대해 자신의 입장을 변호한다. 불행하게도 두 번째와 세 번째 드라마는 부분적으로만 전해지지만, 알려진 바에 따르면, 두 번째 극에서는 제우스와 다른 신들의 진술이 프로메테우스의 진술과 동등한 비중과 강도로 채택되었을 것이다. 그리고 세 번째 극인 『풀려난 프로메테우스』에서는 양쪽 모두를 만족시키는 조정과 화해가 창출되었을 것이다. 그리스 초기 비극의 이러한 행복한 결말은 나중에 유머러스한 풍자극이나 희극으로 전수되었다. 풍자극과 희극은 적대자들의 화해와 첫 두 개의 극들에서 구축된 긴장들의 해소를 있는 그대로 경축했다.

그러나 아이스퀼로스 시대 이후에, 그리스 비극들은 자연스러운 해결이 불가능해 보이는 갈등들을 그리기 시작했다. 대신에 위급하고 절박한 순간을 해결하는 방법으로서 데우스 엑스 마키나(deus ex machina. 기계장치로서의 신) 기법이 도입되었다. 에우리피데스의 작품에서처럼, 그 세 번째 극에서는 신이나 여신이 바구니를 타고 무대로 내려왔다. 그 신은 오늘날 노사분규에서의 정부 중재자처럼, 자의적으로 모든 것을 판단했다. 그 해결이 다소 인위적이라 하더라도, 그것은 어쨌든 하나의 해결책이었다.

그러다가 소포클레스 시대에 이르면 어떠한 해결책도 상상할 수 없는 갈등들이 묘사되기 시작한다. 소포클레스의 『안티고네』와 『오이디푸스 왕』에서처럼, 갈등들은 해결할 수도 없고 해결되지도 않는 고통으로 귀결되었다. 대립적인 가치들이나 원칙들은 너무나 절대적이었기 때문에 조정이 이루어질 수 없었다. 대립하는 논쟁 당사자들은 완전히 비타협적이었다. 양편의 완고함은, 그러한 상황을 냉혹한 운명에 의해 결정된 어쩔 수 없는 것으로 간주함으로써 더욱 강화되었다. 유일하게 고결한 행위는 그런 갈등을 비참한 결말까지 끝까지 유지하는 것이었다.

그 이래로 서구 문명은, 예정된 것은 아니라 하더라도, 인간적 불화를 동일한 방식으로 해석하기로 결심해온 것처럼 보인다. 비극의 미덕들인 자긍심, 충성, 명예, 의무, 그리고 굳건한 결의 등을 되풀이하여 상찬함으로써 많은 영감을 받아온 것이 서구문명이었다. 그런 고귀한 비타협적인 태도의 불가피한 운명을 재현함으로써 카타르시스적인 쾌락을 맛보기도 했다. 소포클레스의 드라마들로부터 셰익스피어의 『햄릿』과 『리어왕』과 사르트르의 『구토』와 『출구 없음』에 이르기까지 이 모든 작품들은 어둠, 죽음, 파멸, 그리고 절망의 영역들로 ―그러나 장엄하고 고귀하게― 하강하면서 피할 수 없는 결말에 이르도록 예정되었다. 희극은 결혼식에서 끝나고, 비극은 장례식에서 끝난다는 것이 문학의 오래된 상식이다. 셰익스피어의 극을 예로 든다면, 『뜻대로 하세요』는 여러 쌍의 결혼식으로 끝나고, 『햄릿』은 여러 명의 장례식으로 끝난다.

초기 그리스 비극들은 그 시작은 비극적이었으나 끝은 그렇지 않았다. 비극적 갈등은 상호 파멸로 치닫도록 허락되지 않았다. 전투에 쏟아 부어졌던 에너지들이 휴전을 위해 사용된다. 소포클레스와 같은 비극작가들이 시작과 끝 모두가 비극적인 드라마를 만들어낸 후, 희극작가들은 단순히 화해를 경축하는 것 이상의 내용을 보여주었다. 그들은 어떻게든 화해에 이르는 길을 모색해야 했다. 이러한 맥락에서, 비극적 극단주의와 그것의 완고한 미덕들을 비판하고 비극적 딜레마에 희극적 해결책들을 제시하는 희극작가들이 등장하게 되었다.

예를 들어, 아리스토파네스는 그의 극 『뤼시스트라타Lysistrata』에서 아주 매력적인 희극적 타협을 제시한다. 두 도시는 서로에 대한 끊임없는 전쟁에 몰두해 있었다. 이러한 전쟁은 분명히 아테네와 스파르타 사이의 오랜 적대감을 암시하는 것이었으며, 삶에 대한 비극적인 관점이 그리스인들에게 그렇게 자연스러웠던 이유들 중의 하나였을 것이다. 두 도시의 여자들은 자기 남편이나 연인이 항상 전쟁터로 떠나는 것에 대해 점차 진절머리가 났다. 삶의 평범한 즐거움은 애국적인 의무와 도시의 명예라는 막연한 관념들 때문에 끊임없이 포기되고 있었다. 수많은 병사들이 끊임없이 불구가 되거나, 충성, 자긍심, 용기, 인내 등의 이름으로 죽임을 당했다.

그래서 여자들은, 뤼시스트라타의 주도로, 일종의 "성 파업" sex-strike을 조직한다. 그들은 양측 모두에게 무조건 항복하라는 최후통첩을 전달한다. 거기에는, 남자들이 어리석은 선동과 헛된 허세와 영웅담을 중단할 때까지 절대 음식을 차려주지 않을 것이며 성관계를 허락하지 않을 것이라는 내용이 담겨있었다. 처음에 남자들은 여자들의 요구에 완강한 거부감을 표시한다. 여자들의 위협과 협박에 굴복하는 것을 결코 용납할 수 없었기 때문이다. 그러나 결과적으로 양쪽 남자들은 모든 걸 포기하고 집으로 돌아간다. "전쟁이 아니라 사랑을 하라"가 승리한다. 그들은 아내와 아이들, 일, 친구들, 그리고 집안일이 있는 일상의 삶으로 되돌아간다. 이러한 사람들과 일들이 결국 자기 삶에서 가장 중요한 것들이라는 사실을 깨닫게 된다.

현대적 형태의 희극의 교리는 아마도 채플린의 마지막 '무성' 영화인 『위대한 독재자』(1940)의 끝부분에서 그가 행한 연설만큼 간명하게 표현되기 어려울 것이다. 오스트리아 국경으로 도망갔던 유대인 이발사 찰리는 자신의 외모가 독일의 독재자와 닮은 것 때문에 오해를 받게 된다. 그는 급하게 차에 태워져서 퓌러가 연설하기로 예정되어 있는 근처의 나치 집회장소로 끌려간다. 그는 주저하고 머뭇거리다가 조심스럽게 말을 시작한다. (그가 영화에서 말을 한 것은 이것이 처음이었다.)

미안하지만 저는 황제가 되고 싶지 않습니다. 그것은 저와 무관한 일입니다. 저는 누군가를 지배하거나 정복하고 싶지 않습니다. 저는 유대인들, 이방인들, 흑인들, 백인들, 가능하다면, 모든 사람들을 돕고 싶습니다. 우리 모두는 서로를 돕고 싶어 합니다. 인간은 그런 것입니다. 우리는 서로의 불행이 아니라 서로의 행복 속에서 살기를 원합니다. 우리는 서로를 미워하거나 멸시하는 것을 바라지 않습니다. 이 세계에는 모든 사람들이 더불어 살 수 있는 충분한 공간이 있습니다. 그리고 이 좋은 지구는 모든 사람을 먹여 살릴 수 있을 만큼 충분히 풍족합니다.[4]

본질적으로, 그리고 최상의 의미에서, 이것이 바로 희극의 복음이다. 그것은 분명 어리석은 복음이다. 인간이 항상 그러하지는 않으며, 보통은 그렇지 않기 때문이다. "인간에 대한 인간의 비인간성"이 가능할 수 있었던 비극적 극악성을 고려해 보더라도 이는 역시 어리석은 복음이다. 그러나 그 어리석음 속에서 그것은 더 높은 지혜, 즉 하나님의 지혜를 보여준다. 그것은 결국, 유일한 길이다.[5]

옮긴이 후기_

좋은 책을 소개하게 되어 얼마나 기쁜지 모릅니다. 몹쓸 종을 써 주신 하나님께 감사드립니다. 변변치 못한 제자에게 기꺼이 추천사를 써주신 방연상 교수님과 백도웅 목사님에게 감사드립니다. 귀한 조언을 아끼지 않으신 새샘골교회 이상윤 목사님과 이만형 전도사님에게도 감사의 뜻을 전합니다. 아모르문디의 김삼수 사장님은 나의 거칠고 둔탁한 번역을 갈고 닦아서 아름다운 책으로 만들어주셨습니다. 사의謝意를 표합니다. 끝으로, 나의 영원한 후원자인 사랑하는 아내와 뱃속에 있는 아가, 그리고 부모님에게도 고마움을 전합니다. 이 책은 비록 자그마하지만 하나님이 주관하시고 이 모든 이들이 협력하여 이루어낸 공동의 작품임을 믿습니다. 아무쪼록 이 작은 책이 독자 여러분들의 하나님 이해와 신앙에 가능한 한 큰 도움이 되기를 바랍니다.

우리는 지금 비극적인 세계를 살고 있을지 모릅니다. 아직도 기아와 질병, 전쟁과 생태파괴가 인류의 미래를 위협하고 있습니다. 그러나 하나님은 반전의 명수이십니다. 혼돈 가운데서 천지를 창조하셨습니다. 히브리 노예를 하나님의 백성으로 선택하셨습니다. 늙은 유목민 모세와 나이 어린 목동 다윗을 선민의 위대한 지도자로 세우셨습니다. 말구유에서 태어난 한 시골 처녀의 아이를 통해 인류를 구원하는 위대한 역사를 이루셨습니다. 오병이어의 빈곤을 수천 명이 먹고도 남을 부요함으로 바꾸셨습니다. 수십 년 된 앉은뱅이를 한 순간에 일으키시고, 눈먼 자를 보게 하셨습니다. 결정적으로, 죽음을 이기고 부활하셨습니다. 모든 절망을 희망으로 바꾸시는 분. 하나님은 그런 분이십니다. 그런 하나님이 오늘도 우리 가운데서 살아 역사하십니다. 우리가 그저 감사하고 기뻐할 수밖에 없는 이유입니다. 설령 이 세계가 아무리 비극적이라 할지라도.

2005년 12월
양인성

미 주_

프롤로그 : 거룩한 희극을 찾아서

1) Conrad Hyers, *The Comic Vision and the Christian Faith: A Celebration of Life and Laughter*(New York: Pilgrim Press, 1981)
2) Elton Trueblood, *The Humor of Christ*(San Francisco: Harper & Row, 1964)
3) 성서에 나오는 희극적인 요소들(유머, 풍자, 아이러니, 냉소)의 범위에 대한 논의는 다음을 보라. Edwin M. Good, *Irony in the Old Testament* (Philadelphia: Westminster, 1965) Paul D. Duke, *Irony in the Fourth Gospel*(Atlanta: John Knox, 1985)
4) E. T. Eberhardt, *In the Presence of Humor*(Salem, Ore.: Pilgrim House, 1984), p.2.

1. 하나님의 유머

1) Reinhold Niebuhr, "Humour and Faith," *Discerning the Signs of the Time: Sermons for Today and Tomorrow*(London: SCM press, 1946), p.115
2) Friedrich Nietzsche, *Thus Spoke Zarathustra*, trans. Thomas Common(New York: Random House, Modern Library, n.d.), pp.40-41.
3) C. S. Lewis, *The Screwtape Letters*, rev. ed.(New York: Macmillan, 1982), p.ix.
4) *Des Cris de Paris*. Barbara Swain, *Fools and Folly During the Middle*

Ages and Renaissance(New York: Columbia University Press, 1932), p.219 n.42에서 재인용.
5) C. S. Lewis, *The Magician's Nephew*(New York: Macmillan, 1955), p.106.
6) Joseph Campbell, *The Masks of God*, vol.1, *Primitive Mythology* (New York: Viking, 1959), p.40.
7) Nietzsche, *Zarathustra*, p.40.
8) Alan W. Watts, *Behold the Spirit: A Study in the Necessity of Mystical Religion*(New York: Pantheon, 1947), p.179.
9) Paul M. Zall, ed., *Mark Twain Laughing: Humorous Anecdotes by and about Samuel L. Clemens*(Knoxville: University of Tennessee Press, 1985), p.144.

2. 부활절 환희

1) Conrad Hyers, ed., *Holy Laughter: Essays on Religion in the Comic Perspective*(New York: Seabury, 1969), p.255. 본문 전체를 보려면, 252-62쪽을 보라.
2) *Commentary on Matthew*, Homily 6. Hyers, *Holy Laughter*, p.192에서 재인용.
3) Northrop Frye, "The Argument of Comedy," *Theories of Comedy*, ed. Paul Lauter(Garden City, N.Y.: Doubleday, Anchor, 1946), p.455.
4) Francis MacDonald Cornford, *The Origin of Attic Comedy*(London: Edward Arnold, 1914)
5) Wylie Sypher, ed., *Comedy*(Garden City, N.Y.: Doubleday, 1956), p.220.

6) *Tragedy and Comedy in the Bible*, ed. J. Cheryl Exum(Decatur, Ga.: Scholars Press, 1984), pp.5-148. 거기에서 희극의 정의는 극적인 반전과 행복한 결말을 갖는 이야기들로 좁혀진다. 그런 견해에 대한 필자의 비판에 대해서는 "A Happy Ending of Sorts – The Underdog," *The Comic Vision and the Christian Faith*, pp.154-68을 보라.
7) William Whedbee, "The Comedy of Job," *Semeia* 7(1977):1-39를 보라.

4. 마리아가 어린양을 잉태했다

1) *London Times Magazine*(December 1, 1985)
2) Robert Payne, *The Great God Pan*(New York: Hermitage House, 1952), p.13.

5. 사회 예법 안내서

1) Emily Post, *Etiquette: "The Blue Book of Social Usage,"* new and enl. ed.(New York: Funk & Wagnalls, 1928), p.255.
2) Peter De Vries, *The Mackeral Plaza*(Boston: Little, Brown, 1958), p.7.
3) Walker Percy, *Love in the Ruins*(New York: Farrar, Straus & Giroux, 1971)
4) William Barclay, *The Beatitudes and the Lord's Prayer for Everyman*(New York: Harper & Row, 1968), pp.223-24에서 재인용.
5) Søren Kierkegaard, *Concluding Unscientific Postscript*, trans. David F. Swensen and Walter Lowrie(Princeton: Princeton University Press, 1941), pp.487-89.
6) Northrop Frye, *The Anatomy of Criticism: Four Essays*(Princeton:

Princeton University Press, 1957), p.166.

6. 평범한 장소들에서의 기적

1) George Bernard Shaw, *Saint Joan*(Indianapolis, Ind.: Bobbs-Merrill, 1971), p.113.
2) "The Estate of Marriage," 1522, *Luther's Works*, vol. 45, *The Christian in Society* Ⅱ, ed. Walther Brondt (Philadelphia: Muhlenberg Press, 1962), p.39.
3) Conrad Hyers, *Zen and the Comic Spirit*(Philadelphia: Westminster, 1973), p.92.

7. 요나가 고래를 삼킨 날

1) 요나서에 나타난 문학적인 형식과 방법에 대한 세부적인 연구에 대해서는, Jonathan Magonet, *Form and Meaning: Studies in Literary Techniques in the Book of Jonah*(Frankfort: Peter Lang, 1976)을 보라. 신학적인 해석에 대해서는, Terence E. Fretheim, *The Message of Jonah*(Minneapolis: Augsburg Publishing House, 1977)을 참고하라.
2) James D. Smart, "The Book of Jonah," *The Interpreter's Bible*(Nashville: Abingdon, 1956), 6:871-75. 희극적이고 유머러스한 요소들을 암시하면서, 풍자로서의 요나를 다루는 논의에 대해서는, James S. Ackerman, "Satire and Symbolism in the Song of Jonah," *Traditions in Transformation: Turning Points in Biblical Faith*, ed. Baruch Halpern and Jon D. Levenson(Winona Lake, Ind.: Eisenbrauns, 1981), pp.213-46을 보라. John C. Holbert, "Satire in the Book of Jonah,"

Journal for the Study of the Old Testament 21 (1981): 59-81도 참고하라.

3) Holbert, "Satire," p.73.

8. 비극적 세계와 희극적 전망

1) Mark Twain, *Letters from the Earth*, ed. Bernard DeVoto(New York: Harper & Row, 1962), pp.227-28.
2) Blaise Pascal, Pensés, trans. W. F. Trotter(New York: Random House, 1941), sec. x iv, no.894.
3) Eric H. Erickson, *Gandhi's Truth: On the Origins of Militant Non-Violence*(New York: Norton, 1969), p.290에서 재인용.
4) Charles Chaplin, *My Autobiography*(New York: Simon & Schuster, 1964), p.399.
5) 비극과 희극에 관한 더 충분한 논의에 대해서는, 그것들의 종교적인 함축들을 전개시키고 있는 필자의 책, *The Comic Vision and the Christian Faith*, chs. 5, 7, 9를 보라.

성서 색인

창세기
2:23   34
2:24   38
21:3-6   32-34

출애굽기
14:12   211
32:14   214

사사기
7:2, 12   97

사무엘기상
9:21   97-98
17:43,44   98

열왕기상
18:27   27

열왕기하
14:24, 25   190
14:27   203
17   190

역대지하
12:1, 13   123
16:10   123
21:6, 20   123
28:1   123

욥기
1:21   83
2:8, 10   84
42:10, 12   83

시편
1:1   67
1:6   192
8:4, 5   45
22:1   66
34:1, 5   67

55:6   202
74:19   201
104:2, 3, 24-26   53-54
139:7-9   173, 199, 207

잠언
11:2   99
16:18   99

전도서
3:11   37

아가서
2:13, 14   202

이사야서
9:6   118, 130
11:6   138
40:10, 11, 25, 29   150-152
40:15, 17, 23   149
44:14-17   26
53:2-3   124

에스겔서
17:23   92

호세아서
7:11   202

아모스서
4:1, 2   27
9:2-3   207

요나서
1:1-4:11   191-218

말라기서
3:14, 15   196

마태복음서		사도행전	
5:43-46	231	2:13	63
6:28, 29	148	2:46-47	61
7:24	157	17:24-28	168
9:15	70		
11:3	69	고린도전서	
11:4, 6	20	1:19, 20, 25	17
11:18, 19	69	1:23	73, 116
12:40	189	1:26-29	95
15:21, 23-28	157	1:27, 28	17
19:23	143	4:9, 13	16
20	153	11:20-22	61
23:12	91	12:21-23, 26	156
25:34-36	147	13:9, 12	23
		15	80
마가복음서		15:54	72
7:24	156	15:55	76
10:14	104		
10:18	100	고린도후서	
12:43, 44	107	11:24-27	81
		12:10	81
누가복음서			
1:48, 51-53	119-120	갈라디아서	
1:53	91	3:28	135
2:14, 25-38	125-126		
9:48	104	에베소서	
9:58	122	4:6	149, 174
14:12, 13	142	5:20	83
18:11-13	106		
23:43	80	빌립보서	
		4:11-13	82
요한복음서			
1:14	121	데살로니가전서	
1:46	119	5:16, 18	83
2:6	68		
4:9	105	디모데전서	
6:51	78	1:15	100
8:8-11	105		
10:10	63, 70		

인물 색인_

간디, 마하트마 128,129, 234
골리앗 98, 233
기드온 97
나단 189
누가 122-124
니버, 라인홀드 41
니사의 그레고리우스 146
니체, 프리드리히 42, 52, 63
다윗 77, 93, 98, 120, 128, 135, 189, 233
단테 24-25, 76
더버, 제임스 223
드브리즈, 피터 145
로렌스 수사 186
로웰, 제임스 러셀 73
롯 92
루이스, C. S. 25, 43, 47
루터, 마르틴 172-176
르호보암 123
링컨, 아브라함 88-90
마리아, 성모 71, 91, 119, 125
마태 122-124, 157
메나이, 휴 180
모세 96, 105, 169
모차르트, 볼프강 아마데우스 41, 58
바울, 사도 16-18, 22, 43, 61, 72, 80-83
        95-96, 100, 151, 168, 172
바클레이, 로버트 64

바흐, 요한 세바스찬 54
발람 174
버로우, 엘리자베스 173
번스, 조지 22, 47
베이컨, 프랜시스 58
벤츌리, 로버트 28
브라우닝, 엘리자베스 바렛 171
사라 32-33
사르트르, 장-폴 237
사마리아의 여인 105
사마리아인, 선한 104
사무엘 97
사울 97-98
사이퍼, 윌리 78
사탄 62
삭개오 104
세비지, 마이넛 170
셰익스피어, 윌리엄 154-155, 237-238
소포클레스 74, 134, 237-238
솔로몬 93, 122-123, 148-149
쇼, 버나드 164
스마트, 제임스 D. 191-192
스탠 / 로렐 220-221
시로페니키아의 여자 157-158
아담 34-36, 39
아론 96
아리스토텔레스 134, 154

251

아리스토파네스 238
아모스 27, 188, 210
아브라함 22, 32, 33, 92, 96, 118, 216
    217
아이스퀼로스 134, 236
안나 126
야곱 22, 92, 118, 133, 217
야오-샨 180-181
에스겔 92, 188
에우리피데스 236
엘리야 27
여호람 123
예수 19-22, 26, 43, 61, 62, 67-73, 75
    77, 83, 91, 100-102, 104-108
    115-116, 120-123, 125-128, 130
    133, 135, 137, 142, 145, 146, 148
    153, 157, 158, 172, 231, 234, 235
와츠, 앨런 54
요나 166-169, 173, 186-218
요한 23세 229
요한, 사도 120
요한, 세례자 68-70
욥 83-84
워즈워스, 윌리엄 49, 164
윌콕스, 엘라 휠러 85
이사야 26, 138, 149-151, 174, 188, 210
이삭 22, 33, 34, 92, 96, 118, 133, 217
잔 다르크 164-165
차라투스트라 52

채플린, 찰리 84, 131-132, 232-233, 239
처칠, 윈스턴 100
카슨, 자니 60
캠벨, 조지프 52
콘포드, 프란시스 M. 76-77
크리소스톰, 요한 66
키르케고르 74, 153
타케오카 카가와 102
테니슨, 알프레드 로드 166, 174
트웨인, 마크 39, 56, 167, 224-225
틴들, 윌리엄 60
파스칼 226
퍼시, 워커 145-146
페이트, 켄 178-179
페인, 로버트 132
포스트, 에밀리 140, 143, 145, 148
프라이, 노스롭 76, 155
플라톤 37, 49, 134
필립스, J. B. 173
필즈, W. C. 36
하디, 올리버 220
하와 34-36, 38-39, 41
헉슬리, 알더스 72
호메로스 220
화이트헤드, 알프레드 노스 47
휘트먼, 월트 184

그리고 하나님이 웃음을 창조하셨다

초판인쇄 2005년 12월 7일
초판발행 2005년 12월 15일

지 은 이 콘라드 하이어스
옮 긴 이 양인성
펴 낸 이 김삼수
펴 낸 곳 아모르문디

등   록 제 313-2005-00087호
주   소 121-865 서울시 마포구 연남동 245-9 1층
전   화 0505-303-3335
팩   스 0505-303-3334
이 메 일 rurahd@naver.com

ISBN 89-957140-0-X

이 책에 대한 무단 전재 및 복제를 금합니다.
잘못된 책은 구입하신 서점에서 바꿔 드립니다.